하하호호 꿈을 심는
성경동화 3

두근두근 만남,
놀랍게 변화된 나

최재윤 지음 | 이경택 그림

국제제자훈련원

믿음과 용기와 지혜의 보화를 캐내는 즐거움!

하 나님은 성경을 통해 말씀하시고, 만나 주시고 인도하
십니다.

『하하호호 꿈을 심는 성경동화』는 하나님의 말씀을 예쁜 그림과 함께 재미있는 이야기로 엮어 아이들이 하나님의 음성을 듣고, 하나님을 만나고, 하나님의 뜻을 더 잘 이해하도록 도와줍니다.

최재윤 목사님은 아이들이 요셉처럼 하나님을 꿈꾸며 자라

도록 하는 일을 평생의 소명으로 삼고 있는 분입니다. 그만큼 아이들을 향한 최 목사님의 깊은 애정과 뜨거운 열정이 고스란히 담긴 이 책에는 아이들에게 원대한 하나님 나라의 비전을 심어 줄 이야기들이 가득합니다.

이야기 속에 숨겨진 믿음과 용기와 지혜의 보화를 캐내는 즐거움으로 성경동화를 읽어 가노라면 어느새 진리의 말씀이 아이들의 마음속에 생생하게 심겨 그들의 앞날을 비추는 빛이 되고 믿음의 꿈이 영그는 나무가 될 것입니다.

모쪼록 이 땅의 어린이들이 성경동화를 통해 믿음이 자라고 하나님을 더욱 사랑하며 자신의 마음을 진리 위에 세우기를 기대합니다.

오정현 목사 사랑의교회 담임

두근두근 예수님을 만나
쿵쾅쿵쾅 변화되는 어린이!

예수님과 함께하는 어린이들은 마냥 신 나고 기뻤어요. 예수님의 이야기가 너무나 재미있고 즐거워서 실컷 웃기도 했지요. 어린이들은 이야기를 들으며 자기도 모르게 하나님 나라의 꿈을 꾸게 되었어요. 이야기를 마음에 꼭 품고 실천한 어린이들은 훗날 한 민족을 변화시키는 위대한 제자가 되었고요.

『하하호호 꿈을 심는 성경동화』도 마찬가지예요. 옛날 예수님께서 어린이들에게 이야기했던 것처럼 성경의 내용을 매우 재미있게 풀어 주었어요. 이야기들이 마음에 오래오래 남을 수 있게 재미있는 그림도 그려 넣었지요. 이야기를 오래 기억하는 동안 그것은 내 이야기가 되고, 그 교훈을 통한 실천은 하나님 나라의 꿈을 이루는 과정이 될 거예요.

여러분도 성경이야기가 기대되지요? 여러분은 이 책을 읽으며 한바탕 웃고 마는 것이 아니라 이야기 속의 멋진 주인공이 될 수 있을 거예요.

자, 이제 하하호호 성경이야기와 함께 그 꿈을 꾸어 보아요.

최재윤 목사 사랑의교회 어린이부서 팀장, 유년부 담당

차례

옛날 옛날에
예수님이 살았대요!

예수님을 만나서
이렇게 달라졌어요!

옛날 옛날에
예수님이 살았대요!

어서 오세요, 예수님!

성경책도 함께 읽어요! 누가복음 1장 1-66절

보라 네가 잉태하여 아들을 낳으리니
그 이름을 예수라 하라
누가복음 1장 31절

어느 날 제사장 사가랴 할아버지가 예배당 안으로 들어갔어요. 예배당 안에 들어간 사가랴 할아버지는 향단 주위를 깨끗이 청소했어요. 그런데 갑자기 이상한 소리가 나는 거예요. 스스슥… 사가랴 할아버지는 자기도 모르게 덜덜 떨기 시작했어요. 뭔가 무서운 것이 나타날 것 같았어요. 휘이잉… 갑자기 바람 소리가 크게 들리더니 떨고 있는 사가랴 할아버지 앞에 한 사람이 나타났어요.

"사가랴, 무서워 말아요. 저는 천사예요. 하나님께서 당신의 기도를 들으시고, 아들을 선물로 주시기로 했답니다."

"아들이요? 정말요? 정말로 아들을 주신다고요?"

"그래요. 그 아이는 앞으로 오실 예수님을 위해 큰일을 할 거예요. 그 아이의 이름은 반드시 요한이라고 지어야 합니다."

"네에? 요한이요? 이름이 좀 이상한데요. 그건 그렇고, 정말 아들을 주신다는 건가요? 저는 너무 늙었고 제 아내 엘리

사벳도 이제 지팡이를 가지고 다니는 할머니예요. 그런 늙은 이가 어떻게 아이를 낳는다는 건가요?"

"사가랴, 뭐예요? 지금 저에게 따지는 거예요? 제 이름은 가브리엘 천사라니까요. 암튼, 아들을 갖게 될 것이라는 증거로, 당신은 아이가 태어날 때까지 말 못 하는 벙어리가 될 거예요."

13

"뭐라고요? 천사님, 제가 버버버…벙어리가 된다고요?"

천사가 사라지자 사가랴는 예배당 밖으로 나왔어요. 사가랴는 입가에 가득 웃음을 머금고 약간 상기된 얼굴로 집으로 갔어요. 엘리사벳 할머니가 남편 사가랴 할아버지를 보고 말했어요.

"여보, 수고했어요. 당신이 늦게 와서 얼마나 걱정했는지 몰라요. 당신, 괜찮은 거죠?"

"음음음…."

"여보, 왜 그래요? 왜 말을 못해요."

"음음음… 음음음음! 으휴우우…."

"아니? 정말, 왜 그래요. 정신 차려요…."

사가랴 할아버지는 정말로 말을 못하는 벙어리가 되었어요. 엘리사벳 할머니는 그런 남편 때문에 걱정이 태산 같았지만 사가랴 할아버지는 싱글벙글 웃기만 했어요. 비록 말은 할 수 없었지만, 벙어리가 된 것 자체가 아들을 낳게 된다는 증거였기 때문이에요. 그때부터 사가랴 할아버지는 엘리사벳 할머니의 배만 쳐다보았어요. 그런 남편 때문에 엘리사벳 할머니는 짜증이 났어요.

"여보, 왜 그렇게 히죽히죽 웃는 거예요? 제 똥배가 그렇게 우스워요?"

"음음음, 아아아… 배 소오옥에에에…."

"아, 도대체 무슨 말인지 모르겠네. 자꾸 그러면 화낼 거예요. 으웩 으웩, 어, 내가 왜 이러지?"

사가랴 할아버지에게 짜증을 내던 엘리사벳 할머니가 갑자기 헛구역질을 했어요.

그날 이후, 엘리사벳 할머니의 배는 날마다 커졌어요. 천사가 예언한 대로 엘리사벳 할머니가 정말 아기를 가진 거예요. 그리고 엘리사벳 할머니가 아기를 가졌다는 소문이 온 동네에 퍼졌어요. 이 소문은 아기 예수를 갓 임신한 마리아에게도 알려졌어요. 마리아는 반가운 마음에 친척 되는 엘리사벳 할머니를 찾아왔어요.

"이모님, 안녕하세요? 이모님이 임신했다는 기쁜 소식을 들었어요. 몸은 괜찮으세요?"

"응. 그렇단다. 어머! 그런데 네 배는 왜 그러니?"

놀라서 묻는 엘리사벳 할머니의 배가 난데없이 요동치기 시작했어요. 엘리사벳 할머니의 배 속에 있던 아기가 기뻐서 뛰놀기 시작한 거예요. 배 속의 아기가 뛰니 엄마인 엘리사벳 할머니마저 함께 뛰기 시작했어요.

"어, 왜 그러세요? 이모! 이모! 뛰면 안 돼요. 왜 갑자기 춤을 추고 그러세요."

"그러게 말이야. 네가 오니깐 배 속에 있는 아기가 매우 기쁜가 봐. 아기가 뛰어서 나도 뛰게 되는 거란다. 아무래도 네 배 속에 있는 아기가 보통 아기가 아닌 것 같구나. 아, 할렐루야! ♬기쁘다 구주 오셨네 만백성 맞아라!"

"또 왜 그러세요? 이번엔 아기가 찬양을 부르면서 율동을 하나요?"

"그런 것 같아. 아무래도 내 배 속의 아기가 네 배 속의 아기를 느끼며 찬양하는 것 같아. 네 배 속에 있는 아가가 아무래도… 어, 어, 성령께서 내게… 할렐루야!"

"어 이모, 왜 그러세요. 이번에는 아기가 할렐루야 소리를 외치나요?"

16

엘리사벳 할머니는 갑자기 성령이 충만해져 소리를 지르기 시작했어요. 그리고 마리아를 향해 외쳤어요.

"마리아! 네 배 속의 아기에게 복이 있도다! 그가 우리의 구세주 되신다! 내 배 속에 있는 아기가 먼저 기뻐하며, 찬양하며, 춤을 추는구나! 할렐루야!"

그러자 마리아가 잠시 후에 엘리사벳 할머니에게 말했어요.

"이모님, 감사해요! 제게 축복해 주셔서요. 제 마음이 하나님, 제 구주를 기뻐하며 찬양해요. ♬무서워 말라 사랑하는 마리아 주님의 은혜가 내게 임하리라 할렐루야!"

"어어… 아기가 또 움직이네. 이번엔 네 노래에 춤추는 것 같은데? 아무튼, 네 아기는 하나님이 보내주신 구세주로, 나와 이 아이와 모든 인류를 구원하실 놀라운 인물이 될 거야. 몸조리 잘해!"

"아이, 이모님은… 이모님을 문안하러 왔는데 이모님이 저를 위로해 주시네요. 이모님도 몸조리 잘하세요. 감사해요. 안녕히 계세요!"

마리아와 엘리사벳 할머니는 그렇게 서로 대화하고 위로하며 좋은 시간을 보냈어요.

그리고 달이 가고 기한이 차서 엘리사벳 할머니는 아기를 낳게 되었어요.

"아! 아! 배가 아파요! 배가 아파! 여보, 나 배가 아파요!"

그러자 남편 사가랴 할아버지가 말했어요.

"배가 아프면 똥을 싸세요. 어버버버….."

"아니 그 배가 아니라, 애가 나오려고 한다고요!"

"뭐? 아이가 지금? 그그그그그그!"

놀란 사가랴 할아버지는 밖으로 뛰어 나가 여인들에게 외쳤어요.

"애가 나오려고고고고 해요요요요요!"

"네에? 뭐라고요? 급한 것을 보니 혹시?"

"아바바바…!"

"알았어요. 아기가 나오려고 하는군요."

여인들이 집으로 들어가 일을 도왔고 곧 아기가 태어났어요.

"응애! 응애!"

밖에서 아기의 탄생 소식을 들은 사람들은 모두 기뻐했어

20

요. 그리고 아기의 이름을 무엇으로 할 것인지 동네 사람들이 모여서 말하기 시작했어요.

"엘리사벳 할머니, 아들 이름을 뭐라고 했으면 좋겠어요?"

"요한이라 했으면 좋겠어요."

"에이, 촌스럽게 요한이가 뭐예요. 사요한…? 아무래도 이상한데, 다른 이름으로 짓는 게 어때요?"

"아니에요. 저는 꼭 요한이라고 짓고 싶어요. 성령께서 그렇게 말씀하셨어요."

"그럼, 아이의 아버지인 사가랴 할아버지가 말씀해 보세요. 지금 말을 잘 못하시니 여기 석판에 쓰게 해 보죠."

누군가 석판을 가지고 와 사가랴 할아버지에게 아이의 이름을 써보라고 했어요. 이에 사가랴 할아버지는 '사, 요, 한' 이라고 썼어요. 그러자 사람들이 깜짝 놀랐어요. 그때 갑자기 사가랴 할아버지의 입이 열리면서 말이 터져 나왔어요.

"요한! 앗, 내가 말을 하네. 아… 이제야 말이 나오는구나! 정말 천사가 말한 그대로야. 내 아들 요한이가 태어나자 나도 이제 말을 할 수 있게 되었구나! 오, 할렐루야!"

말을 하게 된 사가랴 할아버지는 갑자기 성령이 충만해서 이렇게 찬양했어요.

"여호와를 찬양하라! 이 아기는 주 여호와께서 메시아인 예수님의 탄생 전에, 미리 기뻐하며 찬양하는 아이니라! 오, 할렐루야! 내 아들은 예수님을 준비하고 미리 기뻐하는 아이니라! 너희도 기뻐하며 찬양하라!"

사가랴 할아버지는 성령이 충만한 가운데 자기의 아들과 메시아를 위해 감사하며 찬양했어요. 동네 사람들, 사가랴 할아버지, 엘리사벳 할머니의 기대대로 요한은 메시아를 준비하고 미리 기뻐하는 아이로 잘 자랐답니다.

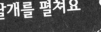

 배 속에 있었던 세례요한은 아기 예수님을 임신한 마리아를 보자 어떻게 반응했나요?

_____

_____

 아기 예수님의 생일인 성탄절은 왜 기쁜 날일까요? 모두 생각해 보고 적어보세요!

_____

_____

하나님!
우리도 세례요한처럼 아기 예수님의 탄생을
미리 기뻐하며 찬양할게요!

목동들이 찾아왔어요!

성경책도 함께 읽어요! 누가복음 2장 1-20절

지극히 높은 곳에서는 하나님께 영광이요
땅에서는 하나님이 기뻐하신 사람들 중에 평화로다 하니라
누가복음 2장 14절

로마 군인들이 모여 있는 가운데 가장 높은 총독인 구레뇨가 등장했어요. 그러자 군인들은 숨을 죽이고 그가 무엇을 말하나 귀를 쫑긋 세웠어요. 곧 구레뇨 총독은 큰소리로 외치기 시작했어요.

"여봐라! 너희는 이제 다 제 고향으로 가서 호적 등록을 하도록 하여라. 대 로마 황제인 가이사 아구스도의 어명이라. 너희는 속히 이 일을 실시하라!"

"예에, 알겠습니다! 이 일을 이스라엘 전국에 알리고 전하겠나이다!"

군인들은 구레뇨 총독이 말한 대로 전국 방방곡곡에 광고판을 붙이기 시작했어요. 나사렛 지방에도 광고판이 붙자 사람

들이 몰려와서 그것을 보았어요.

"앗, 이거 뭐야? 이거 고향으로 가서 호적 신고를 하라는 거 아냐?"

어떤 사람이 흥분하여 말했어요. 그러자 그 옆에 있던 사람도 화를 내며 말했어요.

"로마 사람들이 우리를 부려 먹으려고 호적 등록을 하라는 거야. 에이, 우리나라가 빨리 독립해야 하는데!"

"쉿! 이 사람, 말조심해! 군인들이 들으면 감옥에 가요, 감옥에 가! 지난주에 어떤 사람도 말 잘못 했다가 감옥에 가서 매를 맞아 엉덩이가 빨갛게 되었다네."

그러자 옆 사람이 무서워하며 작은 소리로 말했어요.

"아이구, 엉덩이가 빨갛게 되도록 맞았다니 무섭구먼. 이번 호적 등록 반드시 해야겠네! 자, 그럼 다들 집으로 가자고…."

이 나사렛 사람은 호적을 등록하러 자신의 고향으로 가려고 집으로 향했어요. 그리고 가는 길에 같은 동네 사는 요셉을 만났어요.

"어, 요셉!"

"무슨 일이라도 났어? 동네가 시끌시끌하네."

"자네, 호적 등록하라는 이야기 못 들었나? 방금 로마 군인들이 우리더러 호적을 등록하러 가야 한다더군."

그 말에 요셉은 고개를 가로저으며 말했어요.

"그래? 난 몰랐네. 그럼 어떻게 해야 하는데?"

"어, 그러니까, 자네 고향으로 가서 호적 등록을 해야 해. 자네 고향이 어디지?"

"응, 내 고향은 베들레헴이라네."

"그럼, 서둘러 가게나, 안 그러면 맞아서 엉덩이가 빨갛게 될지도 몰라. 로마 군인의 말을 어기면 엉덩이를 100대 맞게 된대."

"그래? 아이구 무섭네. 그럼 나도 빨리 내 고향으로 가야겠네."

요셉은 아내인 마리아에게 이 모든 일을 알려 주었어요. 그래서 요셉과 마리아는 호적을 등록하러 요셉의 고향인 베들레헴으로 향했어요. 나사렛에서 베들레헴까지 그리 먼 거리는 아니었지만 가는 데 어려운 점이 있었어요. 그건 바로 마리아의 배 속에 아기 예수님이 계셨기 때문이에요.

"여보, 아무래도 나 배가 아파요! 여보! 여보! 나 배가 아파요! 아기가 제 배를 누르고 있어요. 아마도 나오려고 하나 봐요!"

요셉이 마리아의 배를 보니 배가 쑥 나왔다가 쑥 들어가고, 오른쪽에서 왼쪽으로 왼쪽에서 오른쪽으로 뭔가가 지나가는 것 같았어요.

"여보, 아기가 배 속에서 체조를 하나 봐요!"

"그래요. 나오려고 하나 봐요. 아기를 낳을 수 있는 곳을 빨리 알아봐 주세요."

"알았어요!"

요셉은 다급하게 여관을 찾아 다녔지만, 사람들이 모두 호적을 등록하러 왔기에 빈방이 없었어요. 그러던 중, 한 여관 주인의 배려로 허름한 마구간에 들어갈 수 있게 되었어요. 마구간 안에는 말들이 있었고, 말의 먹이를 담는 말구유와 지푸라기, 양들이 같이 섞여 있었어요. 그런데 마구간의 동물들이 모두 울지도 않고 조용했어요. 얼마 후, 마리아는 마구간 안에서 아기를 낳게 되었어요.

"응애! 응애!"

아기가 울자 마리아는 아기를 포대기에 싸서 말구유에 눕혔어요. 그러자 아기 예수는 새근새근 잠이 들었어요. 그 모습을 보고 마리아가 작은 소리로 말했어요.

"하나님의 귀한 아들! 내 사랑스러운 아들! 너무나 멋진 아이에요!"

그러자 남편인 요셉이 말했어요.

"맞아요. 당신 말대로 이 아들은 우리 아들이 아니라 하나님의 아들이에요. 장차 이스라엘을 구원할 분이에요. 당신도 알겠지만, 우리가 낳은 아기가 백성들을 구원해 낼 분임을 천사가 내게 알려 주었음을 알지요?"

"맞아요! 이 아들은 당신의 말대로… 헉헉… 백성을 구원할… 헉헉… 분이 될 거예요. 헉헉헉."

"지금은 말을 하지 말아요. 좀 쉬도록 해요. 아기 낳고 나서는 안정이 필요해요."

요셉은 마리아를 안심시켰고, 마리아는 아기 예수와 함께 잠이 들었어요.

바로 그때, 들에는 양을 치던 목동들이 잠을 자고 있었어요. 그 옆에는 하얀 양들이 목동들과 함께 자고 있었어요. 모두가 코를 골며 잠을 자고 있던 그때, 하늘에서 날갯짓을 하며 내려오는 것이 있었으니 그것은 바로 천사였어요.

"여러분… 여러분에게 아주 좋은 소식을 전하러 왔어요. 저는 천사예요."

그런데 잠을 자던 목동들은 아무 반응이 없었어요. 그러자 천사가 큰소리로 다시 말했어요.

"저는 천사예요. 빨리 일어나세요."

그러자 한 목동이 한쪽 눈을 살짝 뜨면서 말했어요.

"어? 이상한 여자가 날고 있네? 내 앞에 흰옷을 입은 신부가 있네. 오! 아름다운 여인이여, 저와 결혼하시겠어요?"

그러자 천사가 더 큰 소리로 외쳤어요.

"저는 신부가 아니에요. 저는 천사예요. 빨리 일어나세요."

천사가 크게 외치자 한 목동이 곧장 잠에서 깨어났어요.

"어? 이 사람은 아니, 사람이 아니라 천사네. 여보게들, 다 일어나 봐! 천사가 왔어!"

잠에서 깨어난 한 목동이 다른 목동을 한 명씩 깨우기 시작했어요.

"엥? 당신, 정말 천사 맞아요? 우리를 잡으러 왔나 봐. 저희는 가난한 목동들입니다. 저희는 죄를 조금만 지었어요. 그러니 저희를 데려가지 마세요. 흑흑."

"여러분, 무서워 마세요. 저는 여러분에게 기쁜 소식을 전하려고 온 거예요."

"기쁜 소식이라고요?"

"네, 잘 들어보세요. 오늘날 다윗의 동네에 여러분을 위해 구주가 나셨으니 곧 그리스도 주이십니다!"

"네? 메시아가 태어나셨다고요? 정말요? 우아! 그 성경말씀이 사실이었네!"

"네, 그분은 예언대로 지금 베들레헴 어느 마구간 구유에 누워 계셔요."

"아! 그래요? 이상하다, 왜 마구간에 계시지? 성에 계셔야 하는 것 아닌가요?"

"아니에요. 그분은 낮은 자로 오셔서 여러분같이 가난하고 불쌍한 사람들을 구원하실 거예요. 그래서 그분으로 인해 지극히 높은 곳에서는 하나님께 영광이요, 땅에서는 기뻐하심을 입은 사람들에게 평화를 얻을 것입니다!"

"그래요. 그럼, 빨리 우리가 천사들이 알려 준 베들레헴으로 가서 그분 앞에서 경배를 해야겠네요. 여기서 이러면 안 되지. 자, 어서 메시아를 뵈러 가세!"

"좋아! 얼른 가서 그분을 뵙고 싶어!"

그리하여 목동들은 허겁지겁 허리띠를 매고, 양들을 놓아둔 채 마구 달리기 시작했어요. 아기 예수님을 만나는 것이 기쁘고, 설레고, 기대되었기 때문이에요. 열심히 달려간 목동들이 아기 예수님이 태어나신 한 여관의 마구간에 이르게 되었어요.

"어디야? 그분은 어디 계시지?"

"이 동네가 맞는데…. 아까 천사가 마구간에서 아기 예수님
이 태어나셨다고 했잖아!"

"가만, 저기 말소리가 들리는데? 저리로 가보세."

마구간의 문을 열고 목동들이 들어갔어요.

"혹시 여기에 메시아 아기 예수님이 계신가요?"

그러자 요셉이 그 사람들을 향해 물었어요.

"당신들은 누구시죠?"

"저희는 양을 지키는 목동들입니다."

"그런데 어쩐 일이세요?"

"예. 다름이 아니라… 다름이 아니라…

어, 우리가 여기 왜 왔지?"

"아까 천사가 말해서

왔잖아!"

"아, 깜빡했다! 그래요. 천사가 이곳을 알려 주어서 왔습니다."

"천사요…? 천사가 이곳을 알려 주었다고요?"

"예. 천사들이 성경에서 예언한 그 메시아가 태어나셨다고 했어요. 처음에는 무슨 말인지 몰랐지만, 지금 이 아기를 보니 정말 메시아가 태어나신 거군요!"

"그래요? 천사가 이 아기에 대해 뭐라고 하던가요?"

"네, 그게 그러니까 뭐라 했더라? '지극히 높은 곳에서는 하나님께 평화요 땅에서는 기뻐하심을 얻은 사람들 중에 영광이라'고 했어요."

그러자 옆에 다른 목동이 옆구리를 쿡 찌르며 말했어요.

"아닐세, 거꾸로 말하지 않았던가? 하나님께 영광, 사람들에게 평화라고 했네!"

35

목동들의 이야기를 듣고 있던 마리아는 자신이 아기를 낳기 전 일이 생각났어요.

"그렇군요. 맞아요, 맞아! 제가 이 아기를 낳기 전에 성령께서 제가 낳게 될 아이가 이 땅의 메시아임을 말해 주었어요."

"그렇군요. 정말 우리같이 가난하고 낮고 천한 자를 구원해 주실 분이 이 땅에 오신 거군요. 이 모든 영광 하나님께 올려 드립니다!"

"우리도 하나님을 찬양합니다! 우리를 구원해 주실 분께 찬양과 경배를 드립니다!"

"그래. 그럼 우리 모두 찬양하자고! ♬기쁘다 구주 오셨네 만백성 맞으라 온 목동들은 다 일어나 다 경배하여라 다 경배하여라 경배하여라."

목동들은 이렇게 하나님께 영광을 드리며 찬양을 했어요. 자신과 같이 가난하고 불쌍한 사람들을 구원하실 아기 예수의 탄생을 기뻐했답니다.

아기 예수님의 탄생을 알게 된 목동들은 예수님의 탄생 소식을 듣고 어떻게 했나요?

_____

_____

 당시의 목동들은 어렵고 힘들게 살았대요. 그런데도 목동들은 예수님의 탄생을 매우 기뻐하며 경배했지요. 어떻게 그럴 수 있었을까요? 고민해 보고 그 이유를 써 보세요.

_____

_____

예수님!
우리도, 어렵고 힘들 때라도
예수님의 탄생을 먼저 기뻐하며 예배할게요!

이야기 3

옛날 옛날에
예수님이 살았대요!

소년 예수를 만나요!

성경책도 함께 읽어요! 누가복음 2장 39–52절

예수는 지혜와 키가 자라가며
하나님과 사람에게 더욱 사랑스러워 가시더라
누가복음 2장 52절

그날도 동네 아이들이 재미있게 숨바꼭질 놀이를 하고 있었어요. 술래인 한 친구가 큰소리로 외쳤어요.

"못 찾겠다, 꾀꼬리, 꾀꼬리, 나는야 오늘도 술래. 못 찾겠으니 다 나와라! 아이, 나는 오늘도 또 술래야. 애들아, 너희들 중에 술래 안 한 친구 있어? 거의 다 했지?"

"아니야. 얘만 술래를 안 했어."

"뭐라고? 얘, 넌 이름이 뭐야?"

"내 이름은 예수야. 미안해. 너희들 모두 술래 하고 나만 안 했으니 이번엔 내가 술래 할게."

"아니야. 그럴 것까지는 없어. 근데 넌 어떻게 그렇게 안 걸리고 숨바꼭질 놀이를 잘하니?"

"예수는 숨바꼭질 놀이만 잘하는 것이 아니라 구슬치기도 잘해서 집에 구슬이 차고 넘쳐. 그리고 땅따먹기도 잘해서 땅이 이만큼 있고, 달리기도 잘해서 이쪽에서 저쪽으로 휭! 아무튼, 얘는 뭐든지 잘해."

"그래? 그럼 놀기를 잘하니깐 공부는 못하겠네?"

"아니야. 얘는 공부도 잘한대. 우리 나사렛 초등학교에서 전교 일등이야. 공부 짱이라고."

"우아! 정말, 너는 좋겠다. 나는 공부도 못하지, 놀기도 못하지, 못생겼지. 예수야, 어떻게 하면 너처럼 공부도 잘하고 놀기도 잘할 수 있니?"

"응. 성경말씀을 읽고 실천해 봐. 특별히 공부를 잘하고 싶으면 잠언 말씀을 봐."

"잠언? 잠언이라는 성경책도 있어? 혹시 그 성경말씀을 보면 잠자는 거 아냐? 나는 지난번에 성경책 보다가 하도 졸려서 침 질질 흘리며 자다가 엄마한테 엄청 혼났는데….”

"음, 아니야. 잠언은 솔로몬 왕이 지은 성경말씀으로 지혜의 말씀이야. 잠언 말씀을 보면 하나님께서 지혜를 주신단다. 잠언 2장 2절처럼 '네 귀를 지혜에 기울이며 네 마음을 명철에 두며' 공부하기 전에 너의 귀에게 '나의 귀야, 지혜에 귀 기울이렴!' 하고 공부해 봐. 그리고 '내 마음아, 공부하는 책에 있으렴.' 하고 말해 봐. 그럼 잠언 말씀처럼 정말 공부를 잘하게 된단다. 성경말씀대로 실천하면 공부를 잘하게 되고 놀기도 잘하게 되는 것 같아.”

"우앙, 우리 친구 예수는 정말 똑똑하구나. 우리도 예수처럼 해서 공부도 잘하고 놀기도 잘하는 소년이 되자. 예수야, 고마워!”

"그래. 우리 말씀 보며 공부도 잘하고 놀기도 잘하자!”

이렇게 소년 예수는 어려서부터 성경말씀을 그대로 실천하며 생활했기에 뭐든지 잘했고, 친구들에게도 인정받는 친구였어요. 예수가 집에 돌아오자 아버지 요셉이 예수를 불렀어요.

"예수야."

"네, 아버지."

"음, 유월절 절기를 맞이하여 내일부터 친척들과 함께 예루살렘 교회로 가려고 한단다."

"우아, 정말이요? 저도 가는 거예요?"

"그럼! 이제 네가 열두 살이니, 우리 민족의 큰 예배인 유월절 예배를 예루살렘에서 드리게 되는 거란다."

"그래요. 아빠, 너무 기대돼요. 내가 예루살렘 교회에 가게 되다니…."

다음날, 소년 예수의 가족은 집을 떠나 친척들과 함께 예루살렘으로 가고 있었어요. 예수는 친척 형들과 같이 가다 보니 부모님과 떨어져 가게 되었어요. 예수의 엄마 마리아는 주변에 예수가 보이지 않자 예수를 찾느라 외쳤어요.

"예수야, 너 어디 있니? 예수야!"

"엄마, 저 여기 있어요."

"어디 있다는 거니? 아, 안녕하세요, 이모님. 예수야!"

"엄마! 여기 밑에 있잖아요."

"아, 거기 있었네. 엄마는 사람들이 많은데 네가 안 보여서 걱정했단다. 길을 잃어버릴 수 있으니 엄마 곁에 꼭 있으렴."

"걱정하지 마세요. 저 여기 예곱 형하고 같이 있잖아요. 그리고 여기 예순 누나도 있고요. 친척 형, 누나하고 같이 있으니 걱정하지 마세요."

"그래, 알았다."

요셉과 마리아는 예수가 친척 형, 누나와 같이 있는 것을 보고 안심했어요. 그리고 유월절 어른 예배를 기쁘게 드리고 발길을 돌려 집으로 갔어요. 요셉과 마리아는 예수가 친척 형, 누나와 같이 있을 거로 생각했어요. 예수와 함께 있던 조카들을 만나게 되었어요.

"어? 예곱아, 예순아. 우리 예수는 어디 있니?"

"글쎄요. 어린이 예배 끝나고 나올 때부터 없었어요. 그래서 부모님께 간 줄 알았죠."

"뭐라고? 우리 예수가 없어지다니! 여보, 빨리 예루살렘으로 돌아가요!"

혹시, 12살 먹은 아이 보지 못했나요?

요셉과 마리아는 아들 예수를 찾아 다시 예루살렘으로 돌아갔어요. 마리아가 지나가는 사람들에게 물었어요.

"저, 아저씨! 잘생긴 얼굴에 헤어스타일이 요렇고, 파란색 옷을 입은 열두 살쯤 된 소년 혹시 보지 못했나요?"

"못 봤는데요."

"그럼, 아줌마! 잘생긴 얼굴에 헤어스타일이 요렇고, 파란색 옷을 입은 열두 살쯤 된 소년 못 봤나요?"

"아, 그 소년이요? 저기 예루살렘 교회에서 본 것 같은데요.

12살 먹은 잘생긴 아이 보지 못했나요?

저 쪽으로 가보세요.

44

저쪽에 사람들이 많이 몰려 있지요. 글쎄, 그 소년이 아주 똑똑해서 예루살렘의 나이 많은 목사님들이 성경에 대해 질문하는 것들을 모두 답하고 있었어요. 그 소년이 아마 파란색 옷을 입고 있었던 것 같아요."

"예, 알겠습니다. 여보, 저쪽으로 가 봐요. 예수야!"

지나가는 여인의 말을 듣고 요셉과 마리아는 서둘러 예루살렘 교회로 달려갔어요. 그곳에는 사람들이 교회 앞에 둘러서서 누군가의 이야기를 듣고 있었어요.

"얘야, 그럼 구약성경은 어떻게 구성되어 있지?"

"네. 제가 앞글자만 빠르게 말씀드릴게요.

"창출레 민신수 삿룻삼 왕대스 느에욥 시잠전 아사렘 애겔단 호욜암 옵욘미 나합습 학슥말."

"아, 됐다. 너는 지혜롭게도 앞글자만으로 구약성경을 다 외웠구나! 그럼, 다음 질문! 우리 어린이 친구들도 맞추어 보렴. 사자 굴에 들어갔다가 하나님께 기도하여 살아난 사람은?"

"예, 다 자로 시작하죠? 다니엘이요."

"오허! 잘 아는구나? 그럼 다음 질문. 거인 장수 골리앗을

무찌른 이스라엘의 최고의 왕은?"

"예, 그것도 다 자로 시작하죠? 다윗입니다."

"오허! 정말 다 아는구나. 그럼 마지막으로 제일 어려운 질문. 예루살렘 주일학교에서 이 질문의 답을 맞힌 학생은 그동안 없었단다. 이스라엘이 이방의 나라에게 지배를 당하자 하나님께 따지듯이 질문하며, 마지막에 '무화과나무 잎이 마르고 포도 열매가 없으며… 난 구원의 하나님을 인해 기뻐하리라'고 고백한 선지자의 이름은?"

"음…, 그 이름이 음식 이름과 비슷하죠? 답은 호박국이 아니라 하박국입니다."

"허허, 호박국이 아니라 하박국이라. 참으로 잘 맞추었다. 너는 참 똑똑하구나! 너는 어느 주일학교 학생이니?"

"예, 저는 나사렛 주일학교에 다닙니다."

"그래? 그 주일학교는 정말 훌륭하구나. 네가 나보다 더 똑똑한 것 같다."

"아닙니다. 목사님! 저는 성경말씀을 그냥 아는 것보다 다윗처럼 매일 묵상하고 실천하며, 다니엘처럼 하루에 세 번 삶으로 예배 드리고, 하나님 말씀 때문에 감사하는 삶을 사는 것이 중요하다고 생각합니다."

"오허! 정말 귀하도다. 여러분, 이 어린이는 아주 훌륭한 주일학교 학생 같습니다. 우리도 이 어린이를 본받아 성경말씀대로 삽시다."

47

이 말을 들은 주변의 사람들이 모두 박수를 쳤어요. 그때 무리들 사이를 뚫고 들어온 요셉과 마리아가 박수를 받고 있던 예수를 발견했어요. 예수의 엄마 마리아가 눈물을 글썽이며 말했어요.

"예수야, 너 도대체 언제부터 여기 있었니? 엄마 아빠는 네가 없어진 줄 알고 걱정하며 찾아다녔단다. 흑흑흑."

"엄마, 아빠! 어찌하여 저를 걱정하셨나요? 저는 늘 아버지의 집에 있었는데요. 동네에 있을 때도 나사렛 교회에서 말씀 보고 있었고, 여기 예루살렘에서도 제가 하나님 아버지 집에 있어야 하는 줄 알지 못하셨나요?"

"아, 그렇구나! 넌 항상 교회에서 많은 시간을 보냈지? 그런데 이 교회가 너의 아버지 집이라고? 이 엄마는 그 말이 이해가 잘 안 되구나."

"예. 저의 아버지가 하나님이세요. 우리 어린이 친구들도 다 알고 있어요."

"그러니? 그건 그렇고 너를 찾았으니 다행이다. 네가 이렇게 하나님과 사람 앞에 칭찬을 받고 있으니 엄마가 심히 기쁘고 아빠도 기쁠 거란다."

"그래, 아빠는 앞으로 우리 예수가 교회에서 잘 자라길 바란단다."

"네, 아빠! 저는 하나님의 말씀을 늘 실천하여 어디를 가든 하나님의 기쁨이 되고, 성경말씀처럼 부모님에게도 더 순종하는 어린이가 될 거예요."

소년 예수는 교회에서 말씀을 잘 들었고, 어디를 가든지 그 말씀대로 실천했어요. 그러자 소년 예수는 하나님과 사람들 앞에서 많은 칭찬과 사랑을 받았답니다.

소년 예수가 어떤 질문에도 답을 잘하고, 모두에게 칭찬과 사랑을 받을 수 있었던 이유는 무엇일까요?

_____

_____

 여러분도 소년 예수처럼 성경말씀을 열심히 배우고 잘 실천하고 있나요? 여러분이 주일학교에서 배운 것들 중에 실제로 실천했던 일을 적어보세요!

_____

_____

 예수님, 소년 예수처럼 교회에서 배운 말씀들을 실천하여 하나님과 사람들 앞에 사랑 받는 어린이가 되겠어요. 우리를 많이 사랑해 주세요!

예수님이 예루살렘에 오셨어요!

성경책도 함께 읽어요 : 요한복음 12장 1-19절

종려나무 가지를 가지고 맞으러 나가 외치되
호산나 찬송하리로다 주의 이름으로 오시는 이
곧 이스라엘의 왕이시여 하더라
요한복음 12장 13절

평소에 예수님을 잘 따르던 마리아라는 여인이, 예수님께서 예루살렘으로 가신다는 소식을 듣고 예수님께 무언가를 드리려고 했어요. 그래서 마리아는 자신이 가지고 있던 여러 가지 물건들 중에서 예수님께 드릴 것이 무엇이 있는지 이것저것 생각해 보았어요.

"예수님을 위해… 예수님을 위해… 무엇을 드릴까? 음, 그래. 내가 가장 아끼는 금 머리핀을 드려야겠다. 참, 예수님은 머리카락이 나처럼 길지가 않지? 머리핀은 안 좋아하실 거야. 그럼 뭘 드리지? 최고급 인형을 드릴까? 아니야. 예수님은 어른이시고, 나처럼 인형을 좋아하시지는 않을 거야. 그러고 보니 나도 어른이네. 그런데 난 왜 인형이 좋지? 흠… 어떤 것을 드려야 할까? 아! 그것으로 해야겠다."

마리아는 자기가 가장 아끼는 화장품인 향유를 예수님께 드리기로 결정했어요. 이 향유는 아주 비싼 것으로 300데나리온,

즉 오늘날 돈으로 천만 원이 넘는 아주 비싼 것이었어요. 마리

아는 그 향유를 가져가 예수님의 발에 붓기 시작했어요.

"예수님, 제가 예수님의 소중한 발에 이것을 붓겠어요."

'콸콸콸' 향유가 예수님 발 위로 부어졌어요. 그러자 마리아

는 자신의 머리를 예수님의 발 쪽으로 향해 들었어요.

"제 머리카락으로 깨끗이 씻어 드릴게요. 앞으로

위대한 왕이 되실 나의 왕, 나의 예수님. 저의

경배를 받으세요."

마리아가 자신의 머리카락으로 예수님의 발을 씻어 드리자 향유 냄새가 온 방에 퍼졌어요.

그때 다른 쪽에서 일을 보고 있던 유다가 그 냄새를 맡고선 옆 사람에게 말했어요.

"흠흠. 야, 어디서 이상한 냄새가 나는 것 같은데? 분명히 이쪽인데… 베드로 너지? 너 평소에 씻지 않으니깐 이상한 냄새가 나잖아."

"아니야, 유다. 내 땀 냄새가 아니라고. 잘 맡아 봐. 이건, 내 몸 냄새가 아니라 최고급 향수 냄새라고. 굉장히 비싼 향유 냄새 같은데? 다시 맡아 보라니까."

"그래? 흠흠. 어…, 이거 진짜 향유 냄새네. 미안. 그런데 이 향유 냄새는 어디서 나는 거야?"

"저기를 보라고."

"어디? 저기 여기? 도대체 어디야."

"저기! 저기 마리아와 예수님을 보라고. 마리아가 예수님의 발을 향유로 씻기고 있잖아."

"뭐라고? 예수님의 발에 그 비싸다는 향유를 다 부었어? 저런 낭비를 하다니 마리아가 제정신이 아닌 것 같군. 어이, 마리아. 그 비싼 향유를 어찌하여 그렇게 낭비했어요? 300데나리온이나 하는 향수를 팔아 가난한 자들에게 주면 더 좋지 않나요?"

그런데 유다가 이렇게 말한 것은 사실 가난한 사람들 때문이 아니었어요. 유다 자신이 돈 관리를 하고 있었기에, 그 돈이 들어오면 훔치려는 것이었지요. 그때 예수님께서 말씀하셨어요.

"저를 가만두어라. 내가 이제 예루살렘으로 올라가 왕으로 대접받을 것을 알고, 저가 내게 선하게 대한 것이니라. 이는 절대 낭비한 것이 아니니 유다 너는 다른 욕심 내지 말고 가만히 있을지니라."

예수님의 말씀에 유다는 가슴이 뜨끔했어요. 유다의 욕심을 예수님은 다 알고 계신 거였어요.

다음날이 되었어요. 이제 예수님은 예루살렘으로 가시게 되었어요.

"이제 내가 왕으로 예루살렘에 가게 될 것이다. 너희도 예루살렘에 갈 준비를 하여라.”

이 말을 들은 베드로는 신이 나서 말했어요.

“야호! 이제 예수님께서 왕이 되셔서 예루살렘으로 가시나 보다. 와! 신 난다. 그럼 최고의 제자인 난 국무총리가 되겠지. 여봐라! ‘배들어’ 국무총리가 나가신다. 배를 들어라!”

베드로는 예수님이 예루살렘으로 가신다고 하니까 기분이 좋아졌어요. 자신이 예수님의 가장 큰 제자라고 생각했기 때문이에요. 그러자 다른 제자들이 말했어요.

“베드로, 너무 좋아하지 말라고. 대제사장과 서기관들이 예수님을 가만둘 것 같아? 그리고 백성들은 누구의 편을 들려고 할까? 넌 걱정도 안 되니?”

“너무 걱정하지 말게. 그동안 예수님께서 가시지 않으려고 했던 예루살렘에 지금 가시는 데에는 어떤 이유가 있을 거야. 자, 걱정하지 말고 가자고. 출발!”

예수님과 제자들은 예루살렘으로 향했어요. 베다니 지방에서 이스라엘의 왕이 있는 예루살렘으로 가는 길이었어요. 얼마 후 예루살렘에 가까이 이르자, 예수님은 걸음을 멈추시고 성경의 예언을 생각하기 시작하셨어요. 그리고는 제자들에게 말씀하셨어요.

"사랑하는 제자들아, 저쪽에 가면 어린 나귀가 있을 것인데, 너희 중 한 사람이 그 나귀를 내게로 가져오너라. 그 나귀는 나를 위해 마련한 것이니 내게로 지금 가져오라."

그러자 제자들이 말했어요.

"에이, 예수님. 남의 나귀를 어떻게 그냥 가져와요. 돈을 주고 빌려와야 하지 않나요?"

"아니다. 만약, 주인이 뭐라 하면 '주가 쓰시겠다'고 말하여라. 그러면 주인이 나귀를 줄 것이다."

"'주가 쓰시겠다' 하면 된다고요? 알겠습니다. 그럼 예수님 말씀대로 어린 나귀를 가져오겠습니다."

제자들은 나귀가 있는 마구간에 갔어요. 어린 나귀는 아주 작았어요. 다른 큰 말에 비해 몸집도, 입도, 눈도 작고 다리도 야위었어요. 게다가 꼬리는 털 빠진 작은 빗자루 같았어요.

"저기, 저 나귀가 맞는 것 같네. 자, 끈을 풀고 가져가자."

제자들이 나귀를 가져가려고 하자 나귀가 힘차게 울었어요.

58

"히히링힝히
히. 누가 나를 데려가
요. 히히링힝히히."
나귀의 소리를 듣고 나귀 주인이 허
겁지겁 달려 나왔어요.
"당신들은 도대체 누구시길래 제 나귀를 가져가려고 하
십니까?"
"아, 예. 저의 스승이신 예수님께서 '주가 쓰시겠다' 하면
된다고 하셨는데요."

"아! 주님께서 쓰시겠다고요. 알겠습니다. 예수님께서 쓰시는데 물론 드려야죠. 저는 예수님의 말씀에 큰 감동을 받은 사람입니다. 잘 가져가세요."

"고맙습니다. 자, 그럼 이 나귀를 예수님께 가져가자고."

제자들이 나귀를 데려 오자 예수님은 나귀 위에 올라타시고 예루살렘으로 향했어요. 예수님이 오신다는 소식을 들은 이스라엘 백성들은 예수님을 맞기 위해 여러 모습으로 나오기 시작했어요. 긴 행렬을 하고 분주하게 다니는 등, 사람들은 예수님을 향해 경배했고 저마다 생각한 대로 예수님을 환영했어요.

"와! 예수님께서 오신다! 우리들에게 빵과 물고기를 주셔서 먹이시고 우리의 죄를 용서해 주시는 예수님! 오늘도 빵을 좀 주세요. 저의 죄를 용서해 주세요!"

이렇게 무언가를 달라고 하는 사람들도 있었어요. 또 한편에서는 사람들이 성가대로 모여 찬양하며 예수님을 맞이했어요.

"우리는 호산나 성가대! 음음. 호산나! 찬송합니다! 우리의 영원한 왕이신 예수님을 이 시간에 찬송합니다! 호호호 호산나 호호 호산나 왕의 왕이 되신 주 주님께 호산나 삐리리 삐삐

삐리리!"

또 다른 사람들은 크게 만세를 외쳤어요.

"우리의 왕! 예수님 만세! 왕께 만세! 만세! 주님은 영광의 왕이라! 다 찬양 위대하신 왕 만세! 만세 만만세!"

그리고 어떤 사람들은 갑자기 자기의 하나밖에 없는 옷을 벗기 시작했어요. 가장 소중한 것을 예수님께 바치고 싶었기 때문이에요.

"그래, 우리의 왕이신 예수님을 그냥 맞이할 수는 없어. 저 맨땅에 그냥 지나가시게 할 수는 없어. 에잇, 내 옷을 벗어 드리고 그 위에 지나가시도록 해야겠다. 그러면 한결 지나가기 좋으실 거야."

그들은 옷을 훌러덩 벗어 길에 깔기 시작했어요.

"아이, 부끄럽지만 그래도 좋아. 예수님을 위해서라면 내가 가장 아끼는 이 옷도 얼마든지 드릴 수 있어. 어이구 춥다."

그 당시 이스라엘 사람들에겐 옷이 한 벌밖에 없었어요. 그런데 그들은 그 소중한 옷을 왕이신 예수님께 아낌없이 받쳤어요. 또 다른 사람들은 이스라엘의 풍습대로 종려나무 가지

를 흔들며 예수님을 환영했어요. 종려나무는 유난히 잎사귀가 크고 멋진 나무예요.

"차려, 열중 셔. 종려나무를 머리 위로!"

백성들은 종려나무를 든 손을 머리 위로 뻗어 종려나무 터널을 만들었어요. 예수님은 그 종려나무 터널을 지나시며 큰 환영을 받았어요.

"할렐루야! 다윗의 자손 예수여, 영광을 받으소서! 이스라엘의 왕이시여, 높임을 받으소서! 할렐루야! 할렐루야!"

종려나무를 흔들며 열렬히 환영하는 백성들에게 예수님께서 말씀하셨어요.

"할렐루야. 나에게 영광을 돌리지 말고 하늘의 하나님께 영광을 돌려라. 너희의 찬양은 모두 내 아버지께 있으니, 하나님께 영광과 존귀를 돌려라."

예수님은 왕으로 대접받았으나 그 모든 영광을 하나님께 돌렸어요. 그리고 이스라엘 백성들은 왕이신 예수님을 온전히 경배하며 찬양했답니다.

사람들은 예수님을 어떤 분으로 환영했지요?

_____

_____

_____

 여러분도 예수님을 왕으로 모실 건가요? 그럼 어떻게 해야 할까요?

_____

_____

_____

예수님!
예수님은 우리들의 왕이세요.
우리의 찬양과 경배를 받아주세요.

우리를 위해 죽으신 예수님

성경책도 함께 읽어요 : 마가복음 14장 32절–15장 41절

그런즉 이스라엘 온 집은 확실히 알지니
너희가 십자가에 못 박은 이 예수를 하나님이
주와 그리스도가 되게 하셨느니라 하니라
사도행전 2장 36절

제자들의 발을 씻겨 주시며 몸소 사랑해 주신 예수님은 이제 많은 사람들의 죄를 대신 지시고 십자가의 길을 가셔야 했어요. 그래서 예수님은 힘든 마음을 가지고 하나님께 기도하는 자리인 겟세마네 동산에 나아갔어요. 예수님은 그곳에 갈 때, 특별히 사랑하고 아끼는 제자 셋을 데리고 가셨어요.

"베드로야, 야고보야, 요한아, 너희는 여기서 나를 위해 기도해라."

"네? 기도요? 예, 알겠습니다. 저희가 졸지 않고 깨어서 예수님을 위해 기도할게요. 어서 가세요. 요한, 야고보와 함께 열심히 기도할게요. 안녕히 가세요. 푸…, 흐…."

"야, 베드로! 벌써 자면 어떡해? 빨리 일어나."

"놔 둬. 베드로는 먹고 나면 항상 자잖아. 저녁 먹고 지금까지 깨어 있는 것도 기적이야. 아하. 근데 나도 되게 졸리네…."

"그래도 그렇지. 베드로, 일어나! 일어나! 예수님이 자지 말고 기도하라고 했단 말이야. 오늘 분명 중요한 일이 일어날 거라고. 일어나 베드로! 어… 내가 왜 이러냐? 커…, 코….”

“야, 요한! 너마저 자면 난 어떡하라고! 지금 예수님이 기도하러 가셨는데… 그런데 나도 졸린다. 아, 졸려… 나까지 자면 안 되는데… 코…, 커….”

예수님과 항상 같이 다니던 제자 베드로, 요한, 야고보는 그만 모두 잠들고 말았어요. 예수님은 하나님의 말씀대로 십자가를 지게 되기 전 마지막 기도를 드리셨어요.

“아버지여, 아버지의 뜻이거든 이 잔을, 이 고통스런 길을 내게서 옮기시옵소서. 그러나 나의 원대로 마시옵고 아버지의 원대로 되기를 원하나이다….”

예수님이 힘쓰고 애써 더욱 간절히 기도하시니 땀이 핏방울 같이 뚝뚝 떨어졌어요.

“하나님 아버지! 제가 아버지의 뜻대로 이 생명의 길을 가서 많은 사람들을 살릴 수 있다면 이 길을 가겠습니다. 아버지 제게 힘을 주시옵소서. 고통스럽고 힘든 그 십자가를 제가 감당하며 이겨낼 수 있게 도와주시옵소서!”

69

예수님은 정말 간절히 기도했어요. 그리고 기도가 끝날 무렵, 예수님은 십자가의 길, 그 고통의 길을 평안히 받아들일 준비가 되셨어요. 예수님은 기도를 마치시고 자고 있는 제자들에게 찾아오셨어요.

"베드로야, 요한아, 야고보야··· 너희가 한 시도 깨어 기도할 수 없었더냐? 이제 때가 왔도다. 인자가 죄인의 손에 팔릴 것이다. 일어나 함께 가자. 보라, 나를 파는 자가 가까이 왔느니라."

예수님은 갑자기 들이닥친 사람들에게 붙잡혀 유대인들이 모인 곳에서 재판을 받게 되었어요. 사람들은 아무 죄 없는 예수님에게 거짓말쟁이라며, 하나님을 모독했다고 비난했어요.

"뭐야? 너는 평상시 우리에게 거짓말을 했어. 나의 몽둥이를 받아라."

한 유대인은 예수님이 거짓

말을 했다고 옆에 있던 막대기로 예수님의 머리를 후려쳤어요.

"아!"

예수님의 머리는 아래로 떨구어졌고, 피멍이 들고 혹이 났어요. 그러자 왼쪽에 있던 한 유대인도 예수님을 비난했어요.

"저런 자는 그냥 두면 안 돼! 그렇게 말도 안 되는 소리를 지껄이다니! 너는 나한테 맞아야 해."

잔뜩 화가 난 그 유대인은 자신의 주먹으로 예수님의 얼굴을 때렸어요.

"아…."

주먹에 맞은 예수님의 고개가 옆으로 심하게 돌아갔어요.

"에잇! 퉤퉤! 이런 허풍쟁이! 너 같은 거짓말쟁이를 다 보다니, 더럽다 더러워! 에잇, 퉤퉤!"

어떤 유대인은 예수님께 침을 뱉었어요. 그리고 그 침이 예수님의 머리카락에 묻게 되었어요. 사람들이 이제는 한목소리로 외치기 시작했어요.

"이 사람을 십자가에 못 박아라! 십자가에 못 박아라! 그렇게 하지 않으면 우리는 이 데모를 계속할 것이다!"

사람들은 당시 유대인을 다스리던 빌라도에게 강력하게 항의하며 십자가형을 요구했어요. 그러자 빌라도는 군인들에게 예수님을 맡기고 잔인한 고문을 하게 했어요. 그때도 예수님은 기도했어요.

"하나님, 저들의 죄를 깨닫게 하사 회개하여 구원받게 하소서. 또한, 제가 이 십자가를 감당하게 도와주시옵소서."

그러자 군인들은 고문하는 곳으로 예수님을 끌고 갔어요. 그리고 예수님의 웃옷을 벗기더니 가운데 돌에 묶었어요.

"자, 그럼, 이 가죽 채찍으로 때려볼까? 에잇! 에잇! 어쭈, 별로 안 아픈지 아프다고 소리도 안 지르네? 좋아. 그럼 더 맞아라! 에잇, 에잇!"

한 군인이 가죽 채찍으로 때리자 예수님의 등에 피멍이 들어 금방이라도 살이 터질 것만 같았어요. 그런데도 군인은 성에 차지 않는지 다른 채찍을 찾았어요.

"안 되겠어. 좀 더 아픈 것으로 해야겠어. 가죽 채찍 말고 거기 못 박힌 채찍 가져와. 그래야 저 피멍이 터지고 피가 나올 것 같아. 자, 간다!"

고문하던 군인은 이번에는 못이 달린 채찍을 가져와 예수님의 등을 향해 휘둘렀어요. 그랬더니 그 삐죽한 못이 예수님의 살에 찍혀 피가 나기 시작했어요. 그 군인은 못이 달린 채찍으로 예수님의 등과 팔, 어깨를 사정없이 내리쳤어요. 그러자 예수님의 온몸이 피범벅이 되어버렸어요. 그러자 다른 군인이 말했어요.

"야, 됐다 됐어. 자기가 왕이라고 하니까 이번에는 왕처럼 꾸며주자."

군인들은 예수님의 머리에 가시로 엮어 만든 면류관을 얹고 아래로 꽉 눌러 씌웠어요. 그 순간 예수님이 "아악!" 하고 소리를 지르셨어요. 면류관의 가시들이 예수님의 머리에 박혔기 때문이었어요. 그러자 군인들은 예수님을 조롱하듯 절을 하며 말했어요.

"왕이시여, 절 받으소서."

군인들은 예수님께 절을 하더니 일어나면서 주먹으로 예수님의 뺨을 때리고 발로 몸을 찼어요.

군인들은 예수님보다 더 크고 무거운 나무 십자가를 예수님

의 어깨 위에 올려놓았어요. 무거운 십자가를 지신 예수님은 간신히 몇 발자국을 떼셨지만, 그 무게 때문에 곧바로 다리가 후들거렸어요. 그러다가 그만 그 자리에 쓰러지셨어요.

"어서 일어나지 못해? 일어나란 말이야! 네가 그러고도 왕이냐? 빨리 일어나란 말이야!"

그러나 지칠 대로 지치신 예수님에게 더 이상 발을 옮길 힘이 남아 있지 않았어요. 예수님이 그 자리에서 쓰러지시자, 군인들은 지나가던 구레네 시몬이라는 사람에게 대신 십자가를 지고 가게 했어요. 이제 곧 골고다 언덕에 이르게 되었어요.

"야, 예수! 여기 누워!"

로마 군인은 몸을 가누지 못하는 예수님을 십자가 위에 눕혔어요. 그리고 예수님의 양팔을 잡고 큰 못을 손바닥 위에 대고 커다란 망치로 내리쳤어요. 큰 못이 그대로 손 가운데를 뚫고 나무에 박혔어요. 예수님의 비명이 크게 터져 나왔어요.

"아악!"

"입 다물어! 시끄러워 죽겠네."

못을 박은 군인들은 이번에는 예수님의 발 위에 전보다 더

큰 못을 가져와 또 박기 시작했어요. 예수님은 더 큰 비명을 질렀어요.

"으으으악!"

두 손과 두 발이 못에 박힌 상태에서 그대로 십자가가 세워 졌어요. 그러자 두 손과 발이 당장 떨어져 나갈 것 같은 큰 아픔이 찾아왔고, 예수님은 너무 고통스러워 차마 소리도 크게 못 지르고 몸을 떠셨어요. 그렇게 예수님은 정신을 잃어가시는 것 같았어요. 바로 그때 앞에 있던 사람들의 말이 예수님께 들려오기 시작했어요.

"야! 남은 구원하면서 자신은 구원하지 못하는 바보 예수야! 만약 네가 하나님의 아들이라면 그 십자가에서 내려와 봐!"

"어이, 성전을 사흘 만에 짓는다는 자여. 그렇게 힘이 세다 면 한번 내려와 보시지? 이 거짓말쟁이야!"

그곳에 있던 유대인들은 거룩한 하나님이신 예수님을 마구 비난했어요. 하지만 그 순간에도 예수님은 그들을 위해 하나 님께 기도하셨어요.

"하나님, 저들을 용서해 주세요. 저들은 자기들이 하는 일이 얼마나 무서운 일인지 모릅니다. 저들의 생각과 행동과 무지로 인한 죄를 용서해 주셔서 저들도 구원받게 하소서!"

그렇게 시간이 흐르자, 예수님의 몸에 서서히 피가 빠져나가고 힘도 없어지셨어요. 마지막 숨이 가빠지기 시작한 즈음에 예수님은 하나님을 향해 마지막으로 외치셨어요.

"다 이루었다!"

예수님은 이 마지막 기도를 하신 후에 고개가 아래로 떨구어지면서 숨을 거두셨어요. 그러자 한 로마 군인이 예수님의 죽음을 확인하고자 긴 창을 들고 와서 예수님의 옆구리를 찔렀어요. 그러자 창에 찔리신 예수님의 몸에서 물과 피가 흘러 나왔어요. 십자가에 달리신 예수님은 여섯 시간 동안 고통당하시다가 그렇게 죽음을 맞이하셨어요. 예수님은 바로 우리를 사랑하사 우리의 구원을 위해 죽으셨던 거예요.

예수님께서는 그렇게 끔찍하고 고통스럽게 십자가에 달려 죽으셔야만 했을까요?

_____

_____

 죽기까지 여러분을 사랑하시는 예수님께 여러분도 사랑한다고 고백해 보세요!

_____

_____

우리를 위해 십자가에 달려 죽으신 예수님,
예수님만을 끝까지 사랑할게요.

예수님이 다시 사셨어요!

성경책도 함께 읽어요 : 누가복음 24장 13-35절

항상 우리와 함께 다니던 사람 중에 하나를 세워 우리와 더불어
예수께서 부활하심을 증언할 사람이 되게 하여야 하리라 하거늘
사도행전 1장 22절

　예수님의 부활 소식을 모른 채 엠마오를 향해 가는 두 제자가 있었어요. 그들은 슬픈 표정으로 고개를 숙인 채 걸음을 재촉하고 있었어요.

　"얼마나 더 가야 해?"

　"음…, 예루살렘에서 엠마오까지 몇 시간은 걸릴 것 같은데?"

　"그런데 자네, 그 소문 들었나?"

　"무슨 소문?"

　"아, 글쎄. 오늘 새벽에 막달라 마리아와 몇 명의 여인들이 예수님의 무덤에 갔었는데, 무덤 문이 열려 있었고 무덤 안에 있던 예수님의 시체는 사라지고 옷만 남아 있었대."

　"뭐라고? 예수님의 시체를 누가 훔쳐 간 거야?"

　"그리고 더 놀라운 것은 여인들이 그 무덤에서…."

　"무덤에서 뭐가 나타났는데? 혹시, 미라? 귀신? 아이 무서워!"

"귀신이 아니라 바로 환한 빛을 내는 천사를 만났다는 거 아니겠어. 천사를….."

"뭐, 천사? 휴… 그럼 다행이네. 그래, 천사들이 나타나서 뭐라고 했대? 그 여인들을 데리고 천국에 간 거야?"

"아니. 천사가 이렇게 말했다고 하더군. '예수님은 다시 살아나셨으니 이 부활의 기쁜 소식을 어서 제자들에게 전하라'고."

"에이, 그 여인들의 말이 좀 의심스러운데, 어떻게 죽은 자가 다시 살아나? 이상한데….."

"그러게. 여인들이 헛것을 보고 들었는지도 모르지. 그런데 중요한 것은…"

83

"뭔데? 또 뭐가 있어? 중요한 것이 뭔데?"

"그러니까, 중요한 것은 바로, 예수님의 무덤에 예수님의 시체가 없다는 것이고, 예수님이 지금 어디에 계신지 모른다는 것이고, 그런데 예수님이 예전에 우리에게 다시 살아나실 거라고 얼핏 말씀하신 것도 같은데…."

"헉. 그럼, 정말 예수님이 예전에 말씀하신 대로 또 천사의 말대로 다시 살아나신 걸까?"

"그거야 아무도 모르지. 아무튼 희한한 일이야. 그건 그렇

고, 빨리 사람들의 눈을 피해 가던 길 가자고…."

두 사람은 그렇게 이야기를 나누며 발걸음을 더욱 재촉하고 있었어요. 바로 그때, 누군가가 갑자기 '휙!'하는 소리와 함께 나타났어요.

"엥…? 당신은 누구세요? 언제 나타난 거예요?"

"그러게, 그림자도 없이 말이야. 두꺼운 안경을 썼다면 그 얼굴 같기도 해. 티셔츠에 'S'라고 쓰여 있는 당신, 갑자기 나타난 당신은… 혹시… 슈퍼맨? 날아서 오셨나요?"

"음, 아니요. 난 슈퍼맨이 아니라 '죠수아', 영어로 하면 '지저스 크라이스트'라고도 하지요. 도대체 무슨 이야기를 하길래 그렇게 슬픈 표정을 하고 있는 거죠?"

"아니, 당신은 지금, 예루살렘에 쫙 퍼진 소문을 모르고 있단 말이요?"

"어떤 소문이 났는데요?"

예수님은 고개를 갸우뚱거리며 아무것도 모르는 표정을 하고 있었어요.

"아니 이 사람 희한하네. 예수님 이야기 말이요. 예수님은 참 멋진 분이셨소. 사람들을 위해 애쓰고 섬기셨던 분. 눈먼 자를 낫게 하시며 귀신들린 자를 고치신 그 예수님, 그런데 그 예수님께서 대제사장과 서기관의 손에 잡혀 그만 십자가에서 죽으셨습니다. 흑흑흑. 이제 좀 알겠소?"

"음 그렇군요."

"그런데 더 놀라운 것은 오늘 새벽에 예수님을 따르던 여인들이 예수님의 무덤가로 달려가 보았더니, 무덤 문이 열린 채 예수님의 시체가 없어졌다는 거요. 그리고 그 소식을 들은 뚱배가 나온 제자 그 뭐라더라… 아! 베드로와 요한도 예수님의 시체가 없다는 것을 발견했다고 했어요."

"그런데 당신들은 보아하니 예수님의 제자들 같은데…. 예수님이 어떻게 되었다고 생각하시오?"

"네에. 한마디로 황당한 일이죠? 여인들, 베드로와 요한이 말한 것에 대해서 솔직히 잘 모르겠어요. 죽은 사람이 다시 살아난다는 것은 불가능한 일인데…. 그렇게 되었다고 하니 혹시 너무 충격을 받아 그렇게 생각하는 것은 아닌지 걱정이 됩니다. 그리고 예수님을 죽이는 데 앞장섰던 많은 사람들은 예수님을 따르던 사람들이 예수님의 시체를 가져갔다고 거짓 소문을 내고 있어요. 아 너무 혼란스러워요. 아 갑자기 답답해지네요."

이 말을 들은 예수님은 답답해하는 제자들에게 깨달음을 주시고자 천천히 성경의 말씀을 인용하여 말씀하셨어요.

"이보시오. 내 말을 잘 들어보세요. 구약의 선지서 이사야를 보면 구세주 예수는 십자가에 달려 죽는다고 예언되어 있소. 또한 다른 성경에서도 그리스도께서 사람들의 죄를 위하여 죽으셨다가 다시 살아나신다고 말씀하고 있습니다. 성경의 말씀을 그대로 믿고, 받아들여야 합니다. 그러니 답답해하지 말고, 다시 사신 그 예수님을 기다려 보세요. 그분은 승리하셔서 우리 앞에 다시 나타날 것입니다. 앗, 드디어 내가 가려는 목적지에 도착한 것 같소. 나는 이제 내 길을 가야겠소."

"무슨 말씀이세요. 우리와 같이 끝까지 가시지 그래요?"

"아니요. 난 혼자 가는 것이 편합니다. 자, 잘들 가세요."

"에이… 선생님. 선생님의 은혜로운 말씀을 좀 더 듣고 싶어요. 엠마오에 제가 잘 아는 식당이 있는데요. 참 맛있어요. 가

시죠."

두 제자는 예수님에게 수갑을 채우듯이 팔짱을 끼고 자신들이 잘 아는 식당으로 향했어요.

"아, 할 수 없군요. 알겠습니다. 같이 식사하고 가겠습니다."

그리하여 세 사람은 식당에 도착했고, 곧 주문한 음식이 나왔어요.

"그럼 제가 식사 기도를 할 테니 다 눈을 감아요. 하나님 감사합니다. 우리에게 일용할 양식을 주옵시고, 이 음식 먹고 건강하게 하소서. 그리고 여기 사랑하는 자들이 부활의 기쁜 소식을 함께 전하게 하소서. 예수님의 이름으로 기도드립니다."

"어? 예수님의 이름? 그렇다면 앞에 계신 선생님께서 예수님?"

"그렇군요. 예수님! 예수님! 어디 계세요? 예수님이 금방 여기 계셨는데 사라지셨다는 거예요. 예수님! 어디로 가신 거예요? 예수님!"

"희한하네. 예수님은 어디로 가신 거지? 암튼 아까 성경을 풀어 주시는데 내 마음이 뜨거웠고, 성령 충만해졌었어. 자네도 그런가?"

"그러게. 나의 마음도 지금 성령 충만해서 찬양이 절로 나와요. ♬예수 부활하셨네 만민 찬송하여라 천사들이 즐거워 기쁜 찬송을 부르네 할렐루야!"

"이보게. 부활의 찬양 너무나 좋네. 갑자기 예수님이 나타나셔서 함께하시니 너무 좋지 않았나?"

"그러게. 너무 좋았네. 이럴 것이 아니라 우리 동네 사람들에게도 이 기쁜 부활의 소식을 알려서 함께 부활의 주님을 경배하는 것은 어떤가?"

"좋지. 동네 사람들, 동네 사람들, 예수님이 부활하셨어요!"

"이 기쁜 소식을 함께 전해요!"

부활하신 예수님을 만난 두 제자는 부활의 기쁜 소식을 함께 전하며, 기뻐하고, 감사했답니다.

엠마오로 가던 제자들은 누구를 만났고, 어떻게 했나요?

_____

_____

 여러분은 어떤 친구에게 예수님의 기쁜 소식을 알려 주고 싶나요?
이름을 적어 보세요!

_____

_____

예수님!
우리가 기쁜 예수님의 부활의 소식을
전할 수 있게 도와주세요!

예수님을 다시 만났어요!

성경책도 함께 읽어요 : 요한복음 21장 1-17절

세 번째 이르시되 요한의 아들 시몬아 네가 나를 사랑하느냐 하시니…
베드로가 근심하여 이르되 주님 모든 것을 아시오매
내가 주님을 사랑하는 줄을 주님께서 아시나이다 예수께서 이르시되 내 양을 먹이라
요한복음 21장 17절

예수님의 제자들이 모여 있었어요. 예수님이 십자가에 달려 죽으신 후 모인 제자들의 표정에는 근심과 걱정, 불안과 초조함이 가득했어요. 모두 숨죽이고 눈치를 보던 중, 한 제자가 말했어요.

"아, 정말이지, 왜 예수님께서 그 십자가에 달려 죽으셨을까?"

"그러게 말이야. 난 예수님께서 왕이 되시는 줄 알았다고…. 그런데 하필 로마 최고의 형인 십자가에 달려 죽으실 것은 뭐람. 난 그동안 도망 다니느라 얼마나 가슴이 두근거렸는지 몰라. 나까지 붙잡혀 십자가에 달릴까 봐. 아직도 가슴이… 가슴이… 쿵쾅쿵쾅거리잖아!"

"우아! 정말 그러네. 그런데 나도 가슴이 쿵쾅쿵쾅거리는 이야기를 들었어!"

"나다나엘, 무슨 일인데?"

제자들은 모두 눈이 휘둥그레져 나다나엘을 보았어요.

"아, 글쎄, 예수님의 무덤에 갔던 여인들의 말에 의하면…."

"그래. 여인들이… 여인들이 어떻게 되었는데?"

"아…, 그러니까 여인들이 무덤에 돌을 옮기려고 갔는데… 아 글쎄, 그 앞에 돌이 옮겨져 있더래."

"잉? 돌이? 그 여인들이 천하장사야? 돌을 옮기게…."

"아니. 그게 아니라, 여인들이 옮긴 게 아니라 이미 옮겨져 있었다는군."

"이미? 그래서 어떻게 되었는데?"

"그래서 그 여인들이 글쎄, 그러니까, 천사에게 들었는데 예수님이 부활하셨다, 다시 살아나셨다는 거야. 그리고 그 천사들의 부활 찬송도 들었다는군."

"천사들의 부활 찬송? 그게 어떤 건데?"

"그… 노래 제목이 뭐라더라? 아! '우랄라'라고 했어."

"아, 궁금하다. 그 노래 어떻게 부르는 거야?"

"듣고 싶어? 잘 기억이 나지는 않는데, 첫 소절이 뭐더라? 아! 생각났어. 이렇게 부르는 거야."

"♬예수 부활했으니 하 할렐루야 만민 찬송하여라 하 할렐루야 천사 찬송하기를 거룩하신 구주께 영광 돌려보내세 구주 오늘 나셨네!"

"에이, 뭐야, 나다나엘. 부활절 노래를 성탄절 노래로 바꾸어 부르면 어떡해? 그런다고 예수님이 다시 살아나시냐? 난 물고기나 잡으러 가야겠다."

"어이, 베드로! 물고기 잡으러 가기 전에, 너 오늘 성경 읽었니? 기도는 했어? 찬양은 했냐고? 너는 예수님의 수제자였잖아."

"성경 읽기, 기도, 찬양, 나 이제 그런 거 안 해! 예수님도 돌아가셨고 이제 나는 물고기나 잡으며 살래. 이젠 찬양 대신 이 노래를 부를 거야. 고기를 잡으러 바다로 갈까요."

"아, 그래? 그럼, 우리도 함께 물고기나 잡으러 가자고…."

"고기를 잡으러 강으로 갈까요"

96

"어이, 같이 가자고!"

그렇게 제자들은 배에 올라 고기를 잡으러 갔어요. 그런데 물고기가 하나도 잡히지 않는 거예요.

"어라… 이거 오늘 물고기가 하나도 안 잡히네."

"진짜네. 왜 오늘은 물고기가 하나도 안 잡히지? 음….."

어느덧 날이 밝아올 무렵까지 제자들은 고기를 잡지 못했어요. 그런데 바다 한가운데 어떤 분이 서 계셨어요. 그분은 바로 예수님이셨어요. 그런데 제자들은 전혀 몰랐어요. 예수님은 제자들에게 뭐라고 말씀하시고자 했어요. 그런데 바다 주변이 산으로 둘러싸여 있어서 예수님의 말씀이 메아리 쳐 들렸어요.

"얘들아, 너희에게 고기가 있느냐냐냐냐냐?"

"없나이다다다다다."

"그럼. 그물을을을을… 배 오른편에 던져라라라라라라. 그리하면면면면 얻으리라라라라라라라."

"정말요요요요요?"

예수님의 말씀대로 했더니 고기가 많이 들어와 그물을 들 수도 없었어요. 그러자 그때 시력이 좋은 요한이 외쳤어요.

"앗! 저분은 바로 예수님이시다!"

그러자 베드로가 너무나 반가워서 물속으로 뛰어들어가려고 했어요.

"그래? 그럼 빨리 가서 뵈어야지! 이럴 줄 알고 난 수영복을 입고 왔지. 자, 옷을 벗자. 앗, 옷이 안 벗겨져!"

베드로의 큰 똥배에 걸려 옷이 벗겨지지 않았어요.

"에이! 배가 너무 나와 옷이 잘 안 벗겨지네. 그럼 옷 입은 채, 에잇!"

베드로는 옷을 입은 채 수영을 하기 시작했어요. 다른 제자들도 고기 잡은 것을 정리하고 예수님이 계시는 곳으로 갔어요. 거기에는 숯불이 있었는데 그 위에 떡도 있었어요.

그때 예수님께서 말씀하셨어요.

"지금 잡은 생선을 좀 가져와라."

그러자 베드로는 잡은 고기가 있는 배로 갔어요. 가오리, 상어, 붕어, 잉어 등 여러 가지 물고기가 있었는데 무려 153마리나 있었어요. 베드로는 그중에 맛있는 생선으로 몇 마리를 들고 왔어요.

"주님! 여기 있습니다. 앗…!"

베드로가 갑자기 넘어지면서 물고기를 담은 바구니를 놓치게 되자, 물고기가 퍼덕퍼덕거리며 하늘로 날아가기 시작했어요. 그때 예수님께서 손으로 떨어지는 물고기를 잡아 순식간에 나무 꼬챙이에 꽂으셨어요. 그리고 장작불 옆에 휙 던지시자 물고기가 바비큐처럼 바삭바삭하게 구워졌어요.

"우아, 우리 예수님의 능력이 업그레이드되셨네."

이후에 예수님과 제자들이 떡과 물고기를 먹었어요. 아무도 예수님께 말을 걸지 않았어요. 그리고 나서 예수님께서 베드로에게 물었어요.

"베드로야. 너는 이 사람들 가운데 나를 더 사랑하느냐?"

예수님께서 물으시자 베드로가 바로 대답했어요.

"그럼요, 예수님. 제가 주님을 사랑하는 줄 주께서 아시나이다."

그러자 예수님께서 말씀하셨어요.

"그래. 그럼 앞으로 너는 나의 참된 제자가 되어 나를 믿는 자들을 잘 돌보아라."

그리고 시간이 한참 지났어요. 예수님께서 다시 베드로에게 물으셨어요.

"베드로야. 너는 이 사람들 가운데 나를 더 사랑하느냐?"

"그럼요, 예수님. 제가 주님을 사랑하는 줄 주께서 아시나이다. 제가 제일로 주님을 사랑하지요."

"그래. 그럼 너는 내 양을 돌보아라."

그리고 얼마 후, 예수님께서 또 베드로에게 물으셨어요.

"베드로야, 네가 나를 사랑하느냐? 정말 사랑하기는 하는 거냐?"

그러자 베드로가 근심하며 작은 소리로 대답했어요.

"아, 괴로워요, 예수님. 제가 예전에 예수님을 세 번이나 부

101

인해서 세 번 물어 보시나요? 이제는 제가 예수님만 사랑해요. 제가 그렇게 사랑하는 줄 주께서 아시나이다."

그러자 예수님께서 단호하게 말씀하셨어요.

"내가 진실로 진실로 네게 이르노니, 너는 나를 세 번이나 모른다고 했으나 이제는 부활한 나를 만나 사랑한다고 고백했으니, 너는 이제 온전히 변화되어 나의 진정한 제자가 되어라. 내가 부활하여 너와 이렇게 대화하며 나의 사랑을 확인한 것처럼, 너는 이제 나의 말씀을 매일 묵상함으로 나의 음성을 듣고 기도하는 진정한 제자가 되어라. 그렇게 말씀과 기도로 변화되어, 주변의 친구들과 가족들을 전도하여 나의 말씀을 가르치고 지키게 하라."

"예, 예수님! 이제 제가 부활하신 예수님을 만남으로 변화되어 날마다 말씀과 기도로 온전히 변화되는 예수님의 제자가 되겠습니다."

베드로는 부활하신 예수님을 만나 변화되었어요. 날마다 예수님의 말씀에 순종하고 기도하자 온전히 변화되어, 훗날 예수님의 위대한 제자가 되었고 하나님께 크게 영광을 돌렸답니다.

베드로는 예수님을 언제, 어떻게 부인했을까요? 요한복음 18장 15-27절에 나와 있어요.

_____

_____

 베드로는 누구를 만나 변화되어 훗날 위대한 제자가 되었나요?

_____

_____

부활하신 예수님,
우리가 날마다 말씀에 순종하고 기도하여,
변화된 예수님의 제자가 되게 해 주세요.

예수님을 만나서
이렇게 달라졌어요!

이야기 1
예수님을 만나서
이렇게 달라졌어요!

나다나엘은 성경을 좋아해요!

성경책도 함께 읽어요 : 요한복음 1장 35-51절

나다나엘이 이르되 어떻게 나를 아시나이까 예수께서 대답하여 이르시되
빌립이 너를 부르기 전에 네가 무화과나무 아래에 있을 때에 보았노라
요한복음 1장 48절

"사랑하는 친구야, 우리 축복하기 게임하자! 네 영혼이 잘됨 같이 네가 항상 잘 되고 건강하기를 내가 기도할게. 그런데 야, 너는 왜 게임 안 하는 거야? 너는 왜 안 따라하냐고. 왜 그냥 가는 거냐고. 게임은 안 하고 도대체 무슨 책을 보는 거야?"

모두가 열심히 게임을 하자고 하는데, 한 아이가 어떤 책을 들고 "쉐마 이스라엘 아함에 둔탁…." 하며 책의 내용을 중얼거리며 길을 가고 있는 거예요.

"어머머…, 쟤는 왜 게임도 안 하고 저렇게 가는 거야. 너 쟤 알아?"

"그러게 말이야. 혹시 쟤… 쟤 이름이 뭐더라…. 나… 다나엘! 맞다. 나다나엘! 근데 다니엘처럼 되고 싶어서 이름을 비슷하게 다나엘이라고 지었나 봐? 다니엘은 매일 세 번 예배드리고, 매 주일 설교 말씀대로 실천하고, 매일 큐티하고, 성경을 무려 50번이나 읽었대. 그래서 저 친구도 게임은 안 하고 성경만 읽고 있나 봐. 으…. 난 설교 말씀도 실천해 보지 않았고, 큐티도 잘 안 하는데, 성경을 한 번도 안 읽었는데….”

“으이그, 그래도 성경 좀 읽어라! 난 그래도 두 번은 봤다. 그런데 쟤는 길을 가면서도 성경을 잘 읽네? 어, 어, 어, 위험해!”

소년 나다나엘은 길가면서 책을 보다가 그만 벽에 ‘꽝’ 하고 부딪히고 말았어요. 나다나엘은 그 자리에서 뒤로 넘어졌어요. 머리에 혹이 불룩 나왔어요. 그런데 나다나엘은 아무렇지도 않게 일어나 다시 성경을 보기 시작하는 거예요.

“우아… 졌다 졌다. 쟤는 넘어지면서도 성경을 붙잡네. 대단해요!”

이렇게 나다나엘은 어려서부터 늘 하나님의 말씀을 붙잡느라고, 아이들과 게임도 안 하고 열심히 성경을 읽는 소년이었어요. 그런 소년 나다나엘이 이제 어른이 되었어요.

"애들아, 너희도 성경을 읽으렴. 말씀은 꿀처럼 달고, 너희들에게 많은 지혜와 명철과 평안을 준단다. 음… 난 성경을 지금까지 500번 읽었단다. 하지만 오늘도 큐티 말씀을 보며 하나님의 말씀대로 살려고 해. 그나저나 성경을 어디서 읽을까? 아… 저기 무화과나무 아래서 읽으면 되겠다."

나다나엘은 그 날도 무화과나무 아래 시원한 그늘에 앉아 성경을 읽고 있었어요. 그때 나다나엘의 친구 빌립이 나타났어요.

"나다나엘! 나다나엘! 어디 있니? 나다나엘! 너 숨바꼭질하니?"

나다나엘은 대답도 안 했고 보이지도 않았어요. 빌립은 마지막으로 무화과나무 뒤에 가보았어요. 가만 보니 나다나엘이 성경을 읽다가 잠이 든 것이었어요. 입에는 침이 흘러 나와 있었고, 손과 발은 축 늘어져서 "나의 사랑하는 책 하나님의 성경책. 음냐음냐…." 하며 잠꼬대를 하고 있는 거예요. 이때 빌립이 나다나엘을 흔들어 깨웠어요.

"나다나엘! 나다나엘! 일어나!"

빌립은 큰소리
로 외쳤어요. 그러자 나다나
엘이 정신없이 일어났어요.

"음. 뭐야, 벌써 식사시간이야? 난 꿀처럼
단 성경말씀을 많이 먹어서 배가 부르다고… 이것 봐. 나 똥배
나왔잖아…."

"나다나엘, 식사시간이 아니라… 내가 드디어 만났다고!"

"뭐라고? 너 결혼할 여자 친구를 만났다고? 축하해. 여자
친구는 예쁘니?"

"아니 여자 친구가 아니라 너도 알겠지만 모세의 율법에 기
록되어 있는 선지자가 이미 예언한 그 메시아 구세주를 만났
다고! 그는 나사렛 지방의 예수님이라는 분이셔, 그는 구세주
야!"

"뭐라고 구세빵? 나도 구세빵 먹고 싶다."

"아니 얘가 아직도 잠이 덜 깼나…. 야, 너 정신 차려! 내가 말하는 구세주 메시아 예수님은 배고픈 자를 먹여주시고, 어린아이들을 사랑하시며, 우리를 천국 가게 하시는 분이야. 그리고 이건 지난번에 들은 이야기인데 어떤 아이가 귀신에 들렸었대. 그래서 그 아이는 만날 넘어지고, 불에 손을 넣고, 돈도 훔치고, 부모님 말씀도 듣지 않고, 옆 친구를 막 때리는 등 못된 짓을 많이 했대. 어둠의 권세가 그 아이를 사로잡고 있었던 거야. 그런데 어느 날 그 아이가 예수님을 만났어. 예수님이 그 아이에게 이렇게 말씀하셨대. '오 하나님, 이 귀신들린 어린이를 불쌍히 여겨 주시옵소서! 나사렛 주 예수 그리스도의 이름으로 명하노니 귀신아, 물러가라! 어둠의 권세는 썩 물러가거라!' 그러자 아이의 몸이 꿈틀 꿈틀거리더니 뭔가가 툭 나가고 제정신이 되었대. 예수님이 말씀으로 마귀를 이기신 거야."

"뭐라고, 나사렛 주 예수? 그럼 그분이 나사렛에서 태어나신 분이야? 그럼 구세주가 아니네. 내가 아는 율법에 의하면 메시아는 베들레헴에서 태어나신다고 했어."

"그래? 그렇지만 내가 분명히 봤는걸. 그러지 말고 일단 와 봐. 따라오라고!"

빌립은 나다나엘의 귀를 잡고 막 따라오라고 했어요. 그러자 나다나엘이 아파하며 말했어요.

"어, 알았어… 내 귀는 좀 놔 줘. 아, 귀야… 아, 귀 아파. 따라갈 테니 믿어 줄 테니 내 귀는 좀 놓아줘!"

이리하여 빌립은 친구 나다나엘의 귀를 잡고 예수님을 만나러 갔어요. 그리고 그들은 예수님을 만나게 되었어요.

"어허. 이 사람은… 이 사람은… 참 이스라엘의 사람이요, 그 속에 간사한 것이 없도다. 이 사람에게는 거짓된 것이 하나도 없다."

예수님이 이렇게 말씀하시자 나다나엘은 깜짝 놀라며 말했어요.

"예수님, 저를 아세요?"

"그래. 네가 어린아이였을 때 성경을 이미 50번이나 읽었고, 지금까지 500번이나 읽지 않았느냐? 그래서 네 마음에 거짓된 것이 없는 것이니라."

"꺄아! 어떻게 그것을 아셨죠?"

"네가 성경을 많이 읽었다는 것은 너의 성령의 검이 크다는 것이다. 또한 네가 설교 말씀과 큐티 말씀을 열심히 실천했다는 것은 마귀와의 싸움에서 승리했다는 뜻이지. 네가 말씀을 실천하니 너는 항상 승리할 것이다."

"우아! 그렇군요. 제가 말씀을 열심히 읽고 실천하는 것이 마귀와의 싸움에서 승리하는 것이군요."

"그래. 네가 방금 전에 무화과나무 밑에서 성경을 읽고 있었

다는 것도 아느니라. 그런
데 그 성경을 읽다가 잠이
들고 말았지? 침도 질질 흘렸지? 그렇게
말씀을 읽어서는 안 되지. 다음부터는 성경 보면
서 잠자지 마라."

"까악! 선생님! 그것을 어떻게 아셨죠? 분명 제가 보니 선생
님은 하나님의 아들이시며 이스라엘의 왕이십니다. 선생님은
분명히 메시아 구세주이십니다!"

나다나엘이 이렇게 고백하자 예수님께서 말씀하셨어요.

"네가 무화과나무 아래서 성경을 보고 있었고 잠이 들었다는 말을 듣고 나를 믿느냐? 네게 진실로 진실로 이르노니 너는 네가 읽는 성경말씀을 믿음으로 확신하고 실천한다면 더 큰 일을 보게 될 것이다. 하늘이 열리고 천사들이 오르락내리락 하는 모습을 보게 될 것이다. 성경말씀을 매일 읽고 믿음으로 실천하여 더 훌륭하게 변화되어라."

"네, 예수님! 제가 말씀을 읽고 그 말씀대로 잘 실천하여 예수님이 원하시는 훌륭한 사람이 되겠습니다. 예수님 감사합니다!"

성경말씀을 열심히 읽었던 나다나엘은 예수님을 만나게 되었고, 말씀으로 변화되어 예수님의 훌륭한 제자가 되었답니다.

나다나엘은 무엇을 하다가 예수님을 만나게 되었나요?

_____

_____

 여러분도 나다나엘처럼 성경을 좋아하고 많이 읽을 건가요? 그렇게
할 친구들은 여기에 약속해 보아요!

_____

_____

예수님,
우리가 말씀을 읽고 그 말씀으로 변화되어
예수님의 훌륭한 제자가 되겠어요!

미리 준비했던 세례요한

성경책도 함께 읽어요 : 누가복음 3장 1~22절

그러므로 누구든지 이런 것에서 자기를 깨끗하게 하면
귀히 쓰는 그릇이 되어 거룩하고 주인의 쓰심에 합당하며
모든 선한 일에 준비함이 되리라
디모데후서 2장 21절

그 날도 소년 요한이 두 손을 모으고 열심히 기도를 하고 있었어요.

"하나님, 제가 주님을 위해 어떤 일을 해야 하나요? 알려 주세요. 아… 그렇게 하라고요? 예, 알겠습니다. 아버지! 아버지!"

"그래. 왜 그러니?"

"주님께서 저를 부르셨어요. 이제 제가 주님의 일을 할 때가 되었어요. 기도를 했는데 주님께서 제게 광야에서 외치는 소리가 되라고 하셨어요. 이제 저는 광야로 나가겠어요."

"안 된다. 안 돼. 광야라니… 그곳은 먹을 것도 없고 아무도 안 살고 너무나 힘든 곳이란다. 기왕이면 우리 동네 좋은 회당에서 주님의 말씀을 전하면 안 되겠니?"

그러자 옆에서 듣고 있던 엘리사벳이 말했어요.

"여보, 당신이 그렇게 말하면 안 돼요. 당신 지난 일을 기억

못 하나요? 주님의 뜻을 어기면….”

"뭐? 주님의 뜻을 어기면 어떻게 되는데?”

"아 그러니까… 주님의 뜻을 어기면….”

"그러니까 어떻게 되는데?”

"에잇. 또 그렇게 될까 봐 제가 차마 말을 못 하겠어요. 그러니 당신 머릿속의 기억 테이프를 돌려 보세요.”

그러자 사가랴가 자신의 옛 기억의 테이프를 돌려 보았어요.

"어버버버… 벙어리. 아하. 그렇지! 내가 우리 요한이 날 때 천사의 말을 믿지 못하고 하나님의 말씀을 어겨서 버버버 벙어리가 되었지! 앗! 그런데 주님의 말씀을 또 어기면 안 되지. 암, 안 되고말고. 그래. 요한아. 너는 하나님의 음성대로 광야에서 외치는 소리가 되어라.”

"네, 아버지. 저는 그분의 뜻대로 이제 광야로 나아가겠어요!"

"그래라. 장하다, 장해. 나처럼 벙어리가 되지 말고, 주님 만날 준비를 철저히 하여라."

"예, 아버지. 저 이제 그만 광야로 나갈게요."

요한은 집에서 나와 나귀를 타고 산을 지나고 들판을 지나 나무도 없고 물도 없는 척박한 땅인 광야에 도착하게 되었어요.

"드디어 광야에 도착했구나. 아버지 말씀처럼 정말 아무것도 없네. 아… 배고파. 어디 먹을 것 없나? 앗, 저건 뭐지?"

요한이 풀 속을 보니 뭔가가 팔딱
팔딱 뛰고 있는 것이 보였어요. 자세
히 보니 그것은 메뚜기였어요.

"저 메뚜기라도 잡아 먹어야겠다.
얏! 잡았다! 불에 구워 먹어야지.

'부스스… 바삭바삭'

"자, 그럼 먹어 볼까? 얌얌얌. 아 맛있다. 또 어디 있지?
앗! 저기 있다. 어랏, 내 몸으로 들어갔어. 아이 간지러워. 얏!
휴… 겨우 잡았네. 그래, 이건 나중에 먹어야겠어. 비상식량으
로 남겨 놓아야지. 그런데 어디 다른 먹을 것은 없나? 엇! 저
기에 뭔가가 날고 있네, 뭐지?"

요한은 윙윙거리는 쪽을 찾아가 자세히 살펴보았어요. 그것
은 꿀벌이었어요.

"벌들이 신 나게 꿀을 먹고 있네. 저 벌들을 따라가면 맛있
는 꿀이 있겠다!"

요한은 벌들이 날아가는 곳으로 살금살금 따라갔어요. 벌들이 날다가 바위틈 사이로 쏙 들어갔어요. 그곳을 발견한 요한은 크게 기뻐했어요.

"앗… 저건… 그 비싸다는 석청! 광야에만 있다는 바위 꿀이다."

요한은 살금살금 다가가서 벌들이 다시 나갈 때를 기다리고 있었어요. 꿀벌이 윙윙 날아갔어요.

"벌이 날아갔네. 그럼 꿀을 먹어 볼까? 음… 맛이 정말 꿀맛이네. 꿀맛이야."

메뚜기와 꿀을 실컷 먹은 요한은 하나님께 기도했어요.

"주님, 주님의 말씀에 순종하여 광야에 왔습니다. 제가 이 광야에서 무엇을 해야 하나요?"

그러자 위에서부터 하나님의 음성이 들려왔어요.

"요한아. 내가 너를 택하였느니라. 이제 너는 요단강으로 가서 나의 말을 전하고 물로 세례를 주어라. 또한 내 말을 되새기며 나의 아들을 만날 준비를 하여라."

"네. 그런데 제가 무슨 자격으로 주의 말씀을 전하고 세례를 주어 죄를 사하게 하나요?"

"너에게 그러한 자격을 이미 주었느니라. 말씀이 임하였느니라. 너는 나의 말에 순종하여 죄 사함을 얻는 세례를 주어 나의 만남을 예비하라."

"아멘! 주님, 저는 주의 종이오니 예수님 만날 준비를 하겠습니다."

요한은 광야에서의 훈련을 마치고 요단강에서 세례를 주는 일을 시작했어요. 광야에서 연단 받은 요한 선지자가 요단강에서 세례를 주며 하나님의 말씀을 전한다는 소식을 들은 백성들이 몰려왔어요. 그들이 다가오자 요한이 외쳤어요.

"회개하라! 이 독사의 자식들아. 누가 너희들을 가르쳐 장차이 진노를 피하겠느냐? 회개의 열매를 맺어라."

그때 요한 앞으로 긴 의복을 입은 바리새인들이 나아왔어요. 그들 대부분은 안경을 끼고 있었고 율법책을 들고 있었어요.

"이 바리새인들아! 너희가 하나님이 택한 믿음의 조상 아브라함의 자손이라 자랑하지 말라. 너희에게 이르노니 하나님께서 원하시면 이 돌들로 하나님의 자녀가 될 수 있게 하시니라."

"네. 그런데 우리 바리새인들은 아브라함의 자손인데… 아니란 말씀입니까?"

"그렇다. 너희도 하나님 말씀을 읽고 행하지 않으면 지옥에 가느니라. 아브라함의 자손인 사실이 중요한 것이 아니라 하나님 말씀대로 사는 것이 중요하니라."

"하나님 말씀대로 사는 것은 무엇을 의미하나요?"

"옷이 두 벌인 사람이 있느냐? 한 벌을 옷이 없는 자에게 주어라. 또한, 먹을 것이 두 개가 있느냐? 하나를 배고픈 자에게 주어라."

"아네…. 알겠습니다. 저희도 이제 구체적으로 말씀을 행하는 사람들이 되겠습니다. 세례요한 선생님, 감사합니다."

그리고 그 옆에 수염이 얍삽하게 난 세리들이 있었어요. 그들은 늘 주판을 들고 다녔고, 움직일 때마다 짤랑짤랑 동전소리가 나는 사람들이었어요.

"'짤랑짤랑 으쓱으쓱 짤랑짤랑 짤랑짤랑 으쓱으쓱' 저희는 세금을 걷는 세리들입니다. 구두쇠라고 사람들이 싫어하지요. 저희는 무엇을 해야 천국에 갈 수 있나요? 세례요한 선생님!"

"너희는 정한 세금 외에는 절대 걷지 마라. 어제 철수네 9만 원 더 받은 것을 갖다 주어라."

그러자 세리가 깜짝 놀라며 말했어요.

"앗, 어떻게 아셨나요? 마음이 찔리네요. 죄송합니다, 세례 요한 선생님. 진심으로 회개합니다. 제가 어제 철수네 세금이 만 원인데 10만 원이라 했거든요. 죄송합니다. 나머지 9만 원을 갖다 주겠습니다. 그런데 정말 정확히 맞추시네요."

"그래. 너희는 정직하게 살아라. 말씀대로 살아서 열매를 맺어야 구세주를 만날 수 있느니라."

얼마 후, 군복을 입고 날카로운 창을 들고 있던 군인들이 요한에게 물었어요.

"충성! 선생님, 선생님 말씀에 이의를 제기합니다. 아니, 열매라니요. 어떻게 사람이 열매를 맺습니까? 열. 매. 를."

이에 요한이 대답했어요.

"제군들! 그건 성경에 말씀이 '씨'라고 표현되어 있기 때문이다. 즉, 말씀을 행하면 열매가 맺힌다는 뜻이다. 알겠나!"

"예썰! 그럼 저희 군인들은 무엇을 해야 합니까?"

"마음을 강퍅하게 하지 말고 부드러운 마음으로 사람들을 대하라. 너무 강하게 하면 사람들이 놀라고 무서워하느니라. 알겠나?"

"예, 알겠습니다! 앞으로 사람들에게 자상하게 말하도록 노력하겠습니다! 충성!"

세례요한을 만난 사람들 모두가 하나님의 말씀으로 변화되었어요. 심지어 포악하고 무서운 군인들도 부드러운 사람으로 변화되었어요. 이에 다른 사람들은 '정말 그가 메시아일까?' 하고 궁금해하며 서로 말했어요.

"오호…, 정말 무서운 군인들이 부드러운 남자들로 변했어. 아마도 세례요한은 메시아임이 틀림없어! 그렇지 않으면 어떻게 저렇게 변하게 할 수 있겠어? 세례요한님, 당신이 메시아시죠?"

"아닙니다. 저는 메시아가 아닙니다. 저는 비록 물로 세례를 주지만 진짜 메시아 그분이 오시면 성령으로 세례를 주실 것입니다. 그분이 오셔서 우리가 말씀대로 사는지 판단하시고 심판하실 겁니다. 그래서 우리는 주님을 만날 준비를 해야 합니다."

세례요한이 이렇게 말할 때 저쪽에서 누가 오셨어요. 얼굴에는 빛이 났고 인자한 표정으로 사뿐히 걸어오시는 그분은 바로 예수님이셨어요.

"요한아. 너는 나와의 만남을 준비한 귀한 자니라. 내가 너를 칭찬하노라."

"예, 예수님. 저는 하나님의 뜻대로 주님을 만날 준비만 했습니다."

"그래. 이제 네가 나에게 세례를 주어라. 이 역시 하나님의 뜻이니라."

"예, 주님."

이렇게 세례요한이 예수님께 세례를 베풀 때 하늘에서 이런 소리가 들려 왔어요.

"너는 내 사랑하는 아들이라. 내가 너를 기뻐하노라. 세례요한아, 너는 나의 아들을 위해 말씀대로 준비한 귀한 자니라."

하나님의 음성을 들은 세례요한은 자신이 예수님을 말씀대로 준비하여 하나님께서 기뻐하셨음을 알게 되었답니다.

세례요한은 예수님을 만나기 전 어떻게 준비했지요?

_____

_____

 여러분은 예수님을 위해 어떤 준비를 할 수 있을까요?

_____

_____

예수님!
우리가 성경말씀대로 살면서 예수님 만날
준비를 하는 어린이가 되도록 도와주세요!

똑똑한 니고데모가 찾아왔어요!

성경책도 함께 읽어요 : 요한복음 3장 1-21절

하나님이 세상을 이처럼 사랑하사 독생자를 주셨으니
이는 그를 믿는 자마다 멸망하지 않고 영생을 얻게 하려 하심이요
요한복음 3장 16절

헝겊으로 얼굴을 가린 채 마스크를 쓰고, 손에 장갑을 끼고, 검은 외투를 입고, 모자를 눌러쓴 어떤 사람이 주변을 살피며 어디론가 가고 있었어요. 그는 보이는 곳은 다 가리고 눈만 떴다 감았다 하며 이곳저곳을 두리번거리며 걷고 있었어요.

"이렇게 내가 변장을 하면 사람들이 못 알아보겠지? 그건 그렇고 사람들에게 인정받는 그 예수님은 도대체 어떤 분이실까? 궁금하다. 빨리 만나고 싶다."

자신을 철저히 가린 채 한밤중의 달빛을 조명 삼아 목적지에 거의 다다르게 되었는데, 갑자기 구름이 달빛을 가려 앞이 잘 보이지 않았어요.

"어, 여기부터는 왜 이렇게 어둡지? 어어어 엇!"

그는 그만 돌부리에 걸려 넘어지고 말았어요. 앞으로 넘어지면서 코가 땅에 닿으면서 코에서 피가 났고 얼굴 곳곳이 상처투성이가 되었어요.

134

"아… 되게 아프네. 앗, 코피다. 흐엉엉엉. 밤에 오지 말고 낮에 올 것을 그랬나? 아, 많이 아프네."

그 다음부터 그는 뭐가 있나 없나 발로 확인하며 살금살금 걸어갔어요. 드디어 예수님이 계시는 집 문 앞에 이르렀어요.

"실례합니다. 여기 예수님이 계신가요?"

그리고 한참을 기다렸어요. 그런데도 사람이 안 나오자 마음이 급해진 니고데모 선생님은 큰소리를 외치며 문을 두드렸어요.

"저, 여보세요. 저는 니고데모라고 합니다. 그 유명한 바리새인 중 한 사람이지요. 예수 선생을 만나러 왔어요. 여보세요. 문 좀 열어주세요."

니고데모가 문을 마구 두드렸어요. 그러자 안에서 문 두드리

왜이리 시끄러워… 음냐 음냐

는 소리를 들은 어떤 사람이 성급히 문을 열며 말했어요.

"도대체 이 밤중에 누구야?"

문이 열리면서 바로 앞에 서 있던 니고데모는 그만 문과 부딪혀 또 코피가 나고 말았어요. 좀 전에 넘어져 왼쪽 코에 코피, 이번에는 오른쪽 코에 코피가 났어요. 니고데모가 쌍코피를 흘리며 흐느끼는 모습을 본 그 사람이 깜짝 놀라 외쳤어요.

"어? 문 앞에 쌍코피 흘리는 괴물이 있다. 도망가자!"

그러자 니고데모는 쌍코피를 휴지로 막고 손수건으로 얼굴을 닦으며 앞에 있는 사람에게 말했어요.

"이 보시오. 나는 바리새인으로 예수 선생을 만나러 온 사람이오. 괴물이 아니란 말이오. 빨리 예수 선생을 불러 주시오."

니고데모의 말을 듣고 그 사람은 안으로 들어가 예수님에게 소식을 알렸어요.

"예수님! 밖에 쌍코피 괴물, 아 아니지. 바리새인 니고집세라는 선생이 왔습니다. 예수님을 뵙고 싶다고 합니다."

"뭐라고? 니고집세? 정말 이름이 '니고집세'더냐?"

"네에. 그렇습니다."

"알았다. 그럼 만나보자."

니고데모는 드디어 예수님을 만나게 되었어요.

"예수님 안녕하세요. 저는 니고데모라고 합니다. 예수님께서 하나님으로부터 오신 분임을 제가 알고 있습니다. 하나님께서 함께하시지 않으면 이런 기적을 베풀 사람은 한 명도 없습니다. 그건 그렇고 예수님, 하나님이 우리를 사랑하사 우리를 천국에 가게 해 주실 거라는 것을 제가 알고 있습니다. 제가 평소에 무척이나 궁금해한 것이 있는데요. 그럼 어떻게 우리가 천국에 갈 수 있을까요? 어떻게 해야 우리가 천국에 가지요?"

니고데모가 몹시 궁금해하며 예수님께 물었어요.

"그래? 내가 네게 진실로 진실로 이르노니 누구든지 다시 태어나지 않으면 하나님의 나라인 천국에 들어갈 수 없느니라!"

예수님의 말씀을 들은 니고데모가 깜짝 놀라며 말했어요.

"아니 예수님, 제 나이가 많아 이미 어른이 되었는데 어떻게 다시 태어날 수 있겠습니까? 그럼 하나님 나라에 가려면 다시 엄마 배 속으로 들어가야 한다는 것입니까? 다 큰 제가 다

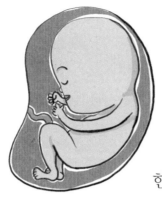

시 들어가려 하면 저희 엄마가 굉장히 아파할 것 같은데요? 그런데 어디로 들어가야 하죠?"

니고데모의 질문에 예수님은 황당한 듯이 말했어요.

"다시 엄마 배 속으로 들어가는 것이 아니라 바로바로….."

"그럼, 아빠 배 속인가요? 아빠도 아파할 텐데?"

"아니. 그것이 아니라 물과 성령으로 다시 새로운 사람이 되어야 한다는 말이다. 물과 성령으로 변화되어야 천국에 갈 수 있느니라."

"네? 물과 성령으로 변화되어야 한다고요? 어떻게 물과 성령으로 변화되지요?"

"그래. 사람이 육체적으로는 그의 부모로부터 태어나지만, 영적으로는 성령으로부터 태어난다. 내가 너에게 성령으로 다시 태어나야 한다고 말한 것에 너무 놀라지 마라."

"아, 그래요. 성령으로 다시 태어나요? 그것이 하나님의 사랑이신가요? 오우… 그 사랑이 놀랍습니다. 어떻게 그런 일이

가능합니까? 예수님!"

예수님의 말씀에 놀란 니고데모가 다시 물었어요.

"아니, 너는 이스라엘 선생이면서 이 일을 이해하지 못하느냐? 너 혹시 진짜 선생 맞니?"

"네, 저 선생 맞습니다. 제 고모도 선생님이고요, 제 이모도 선생님이고요. 저희 집안은 모두 선생님 집안입니다."

"선생인 너도 나를 믿지 못하거늘 다른 사람은 어떻겠느냐? 이 하나님 아버지의 사랑을 어찌 알 수 있단 말이냐?"

"예수님, 그래도 알려 주세요. 그 사랑의 비밀을 알려 주세요. 제가 믿겠습니다."

"그래, 너에게 쉽게 예를 들어 주겠다. 모세가 광야에서 이스라엘 백성들을 이끌 때, 그들이 죄를 짓자 하나님께서 무시무시한 불 뱀을 보내셨다."

"으아…, 불 뱀! 맞아요. 너무너무 무시무시한 불 뱀!"

"그래. 그 불 뱀에 물린 자들은 모두 죽게 되었다. 바로 그때 하나님께서 구리 뱀을 만드셨고, 모세가 그것을 높이 들고 "하나님 말씀에 이 불 뱀을 보는 자는 살리라!"는 말씀을 전했다.

그리고 실제로 믿지 않아서 안 본 자는 죽었고 믿고 본 자는
살아났느니라."

"그래요. 알아요. 주님, 제가 그 현장에 있었다면 쉽게 믿지
못 했을 거예요. 그래도 믿어야 하겠지요."

"그래. 뱀이 높이 들렸던 것처럼 이제 인자도 들려야 하느
니라. 나는 곧 구리 뱀처럼 들려 십자가에 달려 죽을 것이다.
십자가에서 사람들의 죄를 씻고
하나님의 사랑을 나타내리라."

"아…. 예수님이 십자가에 달려 죽으
신다고요?"

"그래. 나는 하나님의 사랑을 나
타내고자, 생명 다해 너와 어린이
친구들을 사랑하느니라."

"아니 어찌하여 그 어렵고 힘든 길을 가

시나이까?"

"그 이유는 다음과 같다. '하나님이 세상

을 이처럼 사랑하사 독생자 예수님을 주셨으니

이는 예수님을 믿는 자마다 멸망치 않고, 영생을

얻게 하려 하심이라'. 바로 너와 사람들을 너무나 사랑한 나의 아버지 하나님께서 너희들을 위해 이 길을 선택하시고, 구원의 놀라운 사랑을 나타내시는 것이니라."

"네에…. 그렇군요. 예수님, 우리를 사랑해 주셔서 감사합니다. 우리 같이 부족한 사람들을 위해 예수님께서 저 하늘 보좌를 버리시고, 이 낮고 천한 곳에 태어나셔서 우리를 죽기까지 사랑하시고 구원하신 주님을 마음을 다하고, 목숨을 다하고, 뜻을 다하고, 힘을 다하여 사랑합니다. 나를 사랑해 주신 예수님, 사랑합니다!"

"그래. 니고데모야, 너는 하나님 나라에 들어갈 준비가 되었구나. 그런데 아직도 이것을 모르는 친구들이 있단다. 나의 이 복음을 믿으면 심판받지 않고 구원받아 천국에 가지만, 예수님의 사랑을 믿지 못하는 친구들은 심판을 받게 될 것이다."

"네에? 심판을 받는다고요?"

"그래. 악을 행하는 자가 빛을 미워하듯이, 이제 이 구원을 경험한 사람들에게는 그 행위가 나타나야 하느니라."

"그렇군요. 예수님, 그럼, 구원받은 사람들은 어떻게 해야

143

합니까?"

"사랑의 표현을 해라. 즉, 하나님과 대화하여라."

"하나님과 대화를 하라고요?"

"그래. 하나님의 말씀을 듣고 반응하여 생활 속에 실천하고, 네가 하고 싶은 말로 하나님께 기도하고, 감사했던 일로 하나님을 찬양하여라."

"네. 이제 저는 구원받은 하나님의 자녀로 더 열심히 하나님과 사랑하고, 그 하나님 복음을 전하는 자가 되겠습니다. 우리 친구들도 그렇게 할 거예요."

니고데모는 너무나 기뻤어요. 천국에 들어가는 방법을 알았을 뿐 아니라 하나님이 자신을 얼마나 사랑하는지 알게 되었기 때문이에요. 니고데모는 이제 자신을 구원하신 하나님을 마음을 다하고, 뜻을 다하고, 힘을 다하고, 목숨을 다하여 사랑하기로 다짐했답니다.

니고데모는 왜 예수님을 찾아왔었지요?

_____

_____

 예수님은 왜 십자가에 달려 죽으셨을까요? 앞 장에서 찾아서 적어 보세요.

_____

_____

예수님!
우리를 죽기까지 사랑해 주셔서 감사해요.
우리도, 우리를 구원하신 예수님을 사랑할게요.

잘못을 솔직히 말한 사마리아 여인

성경책도 함께 읽어요: 요한복음 4장 1-42절

이 때부터 예수께서 비로소 전파하여 이르시되
회개하라 천국이 가까이 왔느니라 하시더라
마태복음 4장 17절

어느 마을에 사람들로부터 따돌림을 당하는 한 여인이 있었어요. 이 여인이 마을에 나타나기만 하면 사람들은 막 놀려대기 시작했어요.

"아 글쎄, 남편이 다섯이나 된대요?"

"아니, 그럼 결혼을 다섯 번이나 했다는 거예요?"

"그러게요. 저 여인은 동네 남자들을 망치게 하는 몹시 나쁜 여자예요. 저 여인을 멀리해야 해요! 퉤퉤!"

마을 사람들은 이 여인이 지나갈 때마다 뒤에서 흉을 보고 손가락질을 했어요. 그래서 이 여인은 사람들의 시선을 피해 햇볕이 쨍쨍거리는 뜨거운 낮, 사람들이 없는 시간만을 골라 물을 길어오곤 했어요. 그 날도 그 여인은 낮에 우물가로 향했어요. 그런데 마침 예수님께서 그곳을 지나시다가 쉬고 계셨어요. 우물가에 도착한 여인을 보자 예수님이 말씀하셨어요.

"이 보시오. 내가 목이 마르니 물 좀 주시오. 목이 매우 마르

148

오."

그 소리에 여인은 고개를 젖히며 예수님을 보더니 아주 퉁명스럽고 귀찮은 듯 말했어요.

"아니, 보아하니 유대 남자인 것 같은데요. 당신들은 우리 사마리아 사람들을 아주 무시하잖아요. 그것도 나 같은 여인들은 멍멍이 취급하지 않나요? 그런데 어떻게 개한테 물을 달라고 하세요? 멍멍."

"아, 정신이 멍멍하군요. 만약, 내가 누군지 알았다면, 당신은 그런 말을 하지 않았을 겁니다. 당신이 나에게 물을 주었다면, 나는 당신에게 영원히 목마르지 않은 생수를 주었을 것입니다."

그 말에 귀가 솔깃해진 여인이 예수님께 물었어요.

"네? 생수요? 그것도 영원히 목마르지 않은 생수요? 혹시, 당신은… 정수기 파는 사장님이신가요? 아니면 생수 파시는 회장님이세요?"

"아니요. 나는 정수기 사장도 아니고, 생수 파는 회장도 아닙니다. 내가 말하는 생수는 그런 생수가 아니요. 누구든지 한

150

번 먹으면 영원히 목마르지 않은 물을 말하는 거지요."

"그래요. 보아하니 사기꾼 같지는 않고… 정말 그런 물이 있어요? 그럼 제발 저에게 주세요. 제가 목이 말라요. 그 물이 있으면, 이렇게 힘들게 사람들 눈치 보며 물 길러 나오지 않아도 되잖아요. 그 물을 제발 저에게 주세요."

그러자 예수님께서 갑자기 여인을 똑바로 바라보며 말씀하셨어요.

"그럼, 당신의 남편을 데리고 오세요."

"네에? 제 남편이요?"

여인은 갑자기 당황했어요. 자신의 가장 큰 약점을 예수님께서 말씀하셨기 때문이에요. 이 여인은 얼굴이 빨개지더니 조용히 말했어요.

"저는… 저는… 남편이 없습니다."

"맞아요. 당신은 남편이 없어요. 지금까지 남편이 다섯이 있었지만 모두 헤어지고, 지금 사는 남자도 결혼을 안 했으니 남편이 없다는 말이 맞네요."

"아니… 어떻게 저의 과거를 그렇게 잘 아세요? 신기하네요."

여인은 우물 옆에 앉아 예수님을 다시 한 번 주의 깊게 바라보았어요. 그리고 예수님께 한 가지 어려운 질문을 했어요.

"좋아요. 당신이 진짜 선지자가 맞다면, 제가 질문을 몇 개할 테니 알아맞혀 보세요."

"얼마든지 해 보시오."

"자, 첫 번째 질문이에요. '개구리는 겨울잠을 자는 동안에 숨을 쉬지 않는다' 맞을까요?"

"맞습니다."

"네, 맞았어요. 그럼 두 번째 질문, 신약과 구약 사이에 있는 것은 무엇일까요?"

"구약과 신약 사이에 있는 것은 '과'입니다."

"와우! 정말 잘 맞추시네요! 자, 이제 마지막 주관식 질문입니다. 유대인들은 예루살렘에서, 우리 사마리아 사람들은 산에서 예배 드려야 한다고 했는데, 당신이 생각하기에 우리는 진정 어디에서 예배를 드려야 할까요?"

"그게 궁금했어요? 예배는 장소가 중요한 것이 아니라, 마음과 정성을 다해 드려야 하는 것입니다."

"그래요. 그런데 제가 알기에는 메시아가 오시면 그분이 모든 것을 사람들에게 말씀하실 것이라고 했는데, 그분은 아직 안 오셨잖아요?"

"어허. 당신이 기다리던 그 사람이 바로 나, 예수요."

"네에? 당신이 메시아, 하나님의 아들 예수님이라고요. 오, 할렐루야! 오, 놀렐루야! 예수님! 죄송합니다. 예수님을 몰라보고… 저의 죄를 용서해 주세요."

그러자 예수님이 고개를 끄덕끄덕하셨어요.

여인은 자신이 가지고 있던 물동이를 버려두고 동네로 뛰어들어갔어요. 그리고 마을 사람들에게 큰소리로 외치기 시작했어요.

"동네 사람들, 동네 사람들! 메시아가 이곳에 오셨어요. 참 메시아 예수님께서 이곳에 오셨어요. 할렐루야! 놀렐루야! 나의 죄를 용서하시고 구원해 주실 예수님이 오셨어요! 모두 회개하면 예수님을 만날 수 있고, 우리는 천국에 갈 수 있는 거라고요!"

동네 사람들은 처음에는 믿지 않다가, 여인이 너무나 간절하게 외치자 한 두 명씩 예수님이 계신 곳으로 모여들기 시작했어요.

"정말, 우리가 기다리던 메시아가 맞대?"

"그러게. 그 여인 별로 좋은 여자는 아니긴 하지만, 저렇게 간절히 외치는 것을 보니 뭔가 있긴 있는 것 같은데….."

"맞아요. 저도 저 여자의 이야기를 듣고 궁금해서 그의 이야기를 들어보았는데요. 그는 틀림없이 메시아 예수님이세요. 아저씨도 어서 회개하고 예수님 믿으세요."

이렇게 예수님의 이야기를 들은 사람들은 자신들의 죄를 고백하고 회개하기 시작했어요. 그리고는 하나같이 다른 사람들에게 예수님을 전하기 시작했어요. 그렇게 사마리아 동네 사람들 모두가 예수님의 이야기를 듣고 회개하며 예수님을 믿게 되었답니다.

154

예수님을 만난 사마리아 여인은 어떻게 했지요?

_____

_____

 아직 회개하지 못한 잘못이 있다면, 지금 조용히 예수님께만 이야기
해 보세요!

_____

_____

예수님!
우리가 예수님을 만나 죄를 회개하고 변화되어,
예수님을 전하는 어린이가 되게 해 주세요.

어린이들도 예수님을 만났대요!

성경책도 함께 읽어요 : 누가복음 18장 15-17절

내가 진실로 너희에게 이르노니 누구든지 하나님의 나라를
어린아이와 같이 받아들이지 않는 자는 결단코 거기 들어가지 못하리라 하시니라
누가복음 18장 17절

예수님을 만난 어린이들이 모였어요. 이들은 저마다 예수님을 만난 감동적인 이야기를 하기 시작했어요. 먼저 한 아이가 말했어요.

"애, 너 놀라운 체험을 했다며? 그런데 네 이름이 뭐니?"

"나 말이야? 내 이름은 나오이. 내가 바로 떡 다섯 개와 물고기 두 마리의 주인공이야. 너희 오병이어 들어 봤지? 예수님께서 내가 드린 떡 다섯 개와 물고기 두 마리로 5천 명을 먹이셨단 말이야. 그 사건 이후 사람들이 나를 '나오(병)이(어)'라고 부르기 시작했어."

"우아. 그렇구나! 너는 참 좋겠다. 그러면 떡과 물고기를 실컷 먹었겠네?"

"응. 모든 사람들이 실컷 먹었는데도 열두 광주리가 남았어."

"그렇구나. 좋았겠다. 나도 먹고 싶네."

그때 옆에 있던 또 다른 아이가 말했어요.

"그럼, 내 이야기 좀 들어 볼래? 나도 예수님을 만났어."

"그래? 넌 어떤 일이 있었어? 궁금하다!"

"사실 난, 히히히히. 난 그때 귀신이었어."

"뭐? 뭐라고? 귀신?"

"응! 그러니까 그 날 나는 길을 가고 있었어. 그런데 아 글쎄 갑자기 검은 구름 같은 것이 내 몸 안으로 들어오는 거야."

"헉. 검은 구름이 네 몸에 들어갔다고? 그래서 어떻게 되었는데? 궁금하다. 빨리 말해줘!"

"음. 갑자기 검은 구름이 들어오니까 나도 모르게 소리를 질렀어. 그리고 위험하게 불에 손을 넣었다 뺐다 하기도 했어. 그것뿐만이 아니야. 거품을 입에서 뱉어내며 몸을 떨면서 쓰러지기도 했어. 그래서 우리 부모님이 몹시 걱정했지."

"그래서, 그래서 어떻게 되었는데?"

"응. 부모님이 나를 데리고 바로 능력이 많으시고 아이들을 사랑하시는 예수님을 찾아가셨어. 그때 예수님께서 내게 다가와 말씀하셨지. '나사렛 예수 그리스도의 이름으로 명하노니 이 소년 안에 있는 귀신아 썩 물러가라!' 그러자 몸이 막 꿈틀꿈틀거리더니 내 안에서 뭔가가 나갔고, 난 제정신이 되었어. 그리고 예수님께서 다가오셔서 나를 안아주셨어! 난 그때부터 '나(는) 귀(신이) 사(라졌어)'로 불리게 되었어. 나귀사."

"와! 예수님 오 예스! 귀신 노… 오 예스!"

"애, 너는 왜 자꾸 예스 노 하니? 그게 뭐하는 건데? 네 이름이 혹시 예노야?"

"우아, 어떻게 알았어? 내 이름 나예노야. 예수님을 만나 놀았던 아이의 준말이지. 내가 지었어. 나예노."

"그래? 넌 예수님과 어떻게 놀았니? 뭐하고 놀았는데? 궁금하다. 얼른 듣고 싶어!"

"며칠 전이었어. 예수님께서 갑자기 놀이터로 놀러 오신 거야. 예수님은 내 친구와 나를 비롯한 어린아이들의 머리를 쓰다듬어 주시고 한 명, 한 명 안아 주시기도 하고, 너무나 사랑스런 눈으로 우리들을 바라보셨어. 그러자 주변에 아이들이

161

이렇게 외쳤어. '예수님! 우리랑 놀아 주세요! 예수님, 놀아줘요!'라고. 아이들이 이렇게 놀아달라고 외치자 예수님께서 이렇게 말씀하셨어. '그래. 그럼 우리 율동게임 해 볼까? 신 나게 찬양하면서 게임을 하는 건데, 나와 함께 해 보자! 잘 따라해야 돼! 자, 준비됐지요? 모두 일어나, 자, 율동 준비! 우리 하나님을 신나게 찬양하며 춤춰요! 즐겁게 춤을 추다가 그대로 멈춰라! 자 재미있지?' 이렇게 예수님께서 우리 어린이들과

함께 놀아 주셨어. 얼마나 신 나던지…!"

"그렇구나! 너무 재미있었겠다. 나도 보고 싶다!"

"얘들아, 저쪽에 예수님 계신대! 얼른 가보자!"

"그래? 예수님! 저하고도 놀아 주세요! 예수님!"

아이들은 예수님이 계시는 곳으로 기쁘게 달려갔어요. 그런데 예수님 주변에 있던 어른들이 아이들을 가로막았어요.

"저리 가라. 애들은 가라. 지금 예수님은 피곤하시단다. 저리 가렴!"

그러자 예수님께서 말씀하셨어요.

"제자들아, 아이들이 내게로 오는 것을 금하지 말라. 길을 열어 주어라. 아이들을 내게로 데리고 오너라."

예수님께서 말씀하시자 아이들이 으쓱으쓱거리며 예수님께가 안겼어요. 그리고 예수님께서 아이들을 앞에 세우시고는 이렇게 말씀하셨어요.

"제자들아, 너희가 어린아이 같지 아니하면 결단코 천국에 들어갈 수 없느니라."

이 말씀을 옆에서 듣고 있던 베드로가 귀여운 표정을 지으며 말했어요.

"그럼, 예수님. 저도 어린이처럼 될래요. 예수님, 저도 안아 주세요. 우유도 주세요. 저랑 놀아 주세요. 잉잉. 몰라 몰라. 저랑 놀아 주세요. 잉잉잉."

갑자기 다 큰 베드로가 어린아이 흉내를 내며 말하자 예수님께서 베드로의 머리를 툭 치시면서 말했어요.

"베드로야, 정신 차려라. 내가 어린아이 같으라고 말한 것은, 이 아이들처럼 나를 만나고자 이렇게 달려와 찬양하고 나와 함께 기쁨을 누리는 순수한 마음을 가지라는 뜻이다."

"아, 그래요? 괜히 어린아이처럼 행동했네. 애들아! 나도 너희처럼 그렇게 순수한 마음을 가지고 싶구나…."

아이들은 어깨를 으쓱으쓱 하면서 예수님께 말했어요.

"예수님, 우리는 우리를 사랑해 주시는 예수님을 찬양하고, 예수님

을 기뻐하고, 예수님만 의지할게요. 우리를 먹이시고, 우리의 병을 고쳐 주시고, 우리와 놀아 주시고, 우리를 사랑해 주시는 예수님, 감사해요! 예수님과 함께 기쁨을 누리며 예수님의 기쁨이 되는 어린이로 변화될게요. 사랑해요, 예수님!"

그러자 예수님께서 흐뭇하게 웃으시며 말씀하셨어요.

"그래. 나도 너희와 함께 기쁨을 누리고 싶단다. 나와 함께 기쁨을 누리며 사는 변화된 어린이가 되거라."

그 후 아이들은 예수님을 만났고, 이후에 초대교회의 위대한 제자들이 되었답니다.

예수님은 어떤 사람이 되어야 천국에 들어갈 수 있다고 말씀하셨나요?

_____

_____

 앞으로 어떤 어린이가 되고 싶나요?

_____

_____

예수님! 예수님과 함께함으로 기쁨을 누리고,
예수님을 기쁘게 해 드리는 어린이가 되고 싶어요.
저를 변화시켜 주세요.

하나님의 꿈으로 열매 맺는 하하호호 성경이야기!

신학대학원에 다니며 사랑의교회 주일학교 유년부 파트 전도사로 사역할 때였습니다. 수많은 어린이들 앞에 초보 전도사로서 어떻게 성경이야기를 해야 할지 난감했습니다. 일단 재미있고 성경적 메시지가 확실해야 한다는 원칙을 정해 두었습니다. 성경이야기를 잘 전하기 위해 작성한 원고를 하나도 빠짐없이 외우며 강단에 올라갔습니다. 원래 내성적이고 모세처럼 입술이 뻣뻣한 제가 그 자리에서 어떤 말을 하고 내려왔는지 모를 정도로 긴장과 흥분이 교차했습니다. 이 처음 설교는 제 일생에서 가장 큰 사건 중의 하나였습니다. 입술이 어눌함에도 지금까지 수많은 아이들의 변화를 보며 성경이야기를 전한 것 그 자체가 은혜요, 어린이 사역자로서 성경이야기를 잘 전해야겠다고 다짐하는 계기가 되었습니다.

이후에 어린이들에게 온전한 성경적 메시지를 전해야 한다는 마음으로 선배 목사님의 성경이야기를 연구하기 시작했습니다. 어린이 동화책도 열심히 읽었습니다. 성경이야기를 전하는 도중에 어린이들이 더 잘 이해하도록 연극배우처럼 온몸을 던지며 메시지를 전하기도 했습니다.

저는 성경이야기를 준비할 때 꼭 네 가지를 생각합니다. 이것은 이 책의 내용을 구성하는 요소이기도 합니다.

첫 번째는 '동선'입니다. 동선은 어린이 성경이야기의 핵심으로 이야기가 끊어지지 않고 연결되게 만들어 가는 것입니다. 흔히 어른을 대상으로 하는 경우 이야기가 전반부와 후반부가 순서 없이 진행되거나 여러 가지 문학 기법을 사용하지만, 어린이 성경이야기는 시간의 순서대로 평이하게 진행되어 어린이가 잘 이해하게 해야 합니다.

두 번째는 '묘사'입니다. 묘사는 성경에 나오는 특정 인물이나 물건, 상황에 대한 설명입니다. 묘사 기법의 가장 큰 장점은 아이들로 하여금 성경에서 말하지 못한 것을 스스로 이미지를 만들게 한다는 것입니다. 물론 이 성경 동화에는 이야기마다 그 내용을 대표하는 그림이 1-2개가 그려져 있지만, 이외의 글에서 충분히 인물이나 장소, 상황을 머릿속에 그리도록 내용을 구성하고 있습니다. 즉, 스토리를 이미지화하여 무한한 상상력을 자극하는 것입니다.

세 번째는 '재미'입니다. 연령대에 맞는 재미를 성경이야기에 넣음으로 아이들을 웃게 하는 것입니다. 이러한 재미 기법은 아이들로 하여금 성경의 메시지에 높은 관심을 끌게 하고 계속해서 메시지에 집중시키는 데 큰 역할을 합니다.

네 번째는 '성경 인물을 통한 주제 선포'입니다. 어린이 성경이야기에서 가장 중요한 부분으로 결국 이 주제 선포를 하기 위해 이야기하는 것입니다.

동선-묘사-재미로 이어진 성경이야기가 마지막에 중심인물을 통해 그 메시지를 강력하게 전하는 것입니다. 이것은 뒤이어 나오는 질문과 대답을 통하여 성경의 주제를 아이들에게 명확하게 심어 줍니다. 이 주제는 어린이들로 하여금 하나님이 주신 꿈을 꾸게 하며 그 꿈을 이루는 말씀의 능력으로 이어지게 합니다.

이 성경이야기를 들은 사랑의교회 어린이들은 이렇게 고백했습니다.

성경이야기 제목

" 예수님께서 죽은 자를 살리셨어요"

죽은 사람도 살리시는 전능한 능력의 예수님 이야기를 들었다. 그래서 "능력의 예수님, 7살 때부터 안 나오는 영구치가 빨리 나오게 해 주세요"라고 기도했는데 이번 주에 정말로 나왔다. 정말 놀랍고 감사했다. 영구치가 아직 많이 삐뚤어져 있지만 바르게 해달라고 계속 능력의 예수님께 기도할 거다.

성경이야기 제목

" 예수님의 제자는 하나님 앞에 겸손해요(왕비가 된 에스더)"

나도 에스더처럼 처음엔 상장을 못 받을 거로 생각했는데 하나님께 기도하니까 상장을 받게 되었다. 그래서 하나님께 영광을 드렸다. 포기하지 않고 기도하면 하나님이 도와주시고 왕과 왕비가 될 수 있다고 생각했다.

170

어린이들이 보여 주는 성경이야기에 대한 반응을 현장에서 보며 한국 교회와 이 시대의 미래는 다음 세대인 우리 아이들에게 있다는 것을 확신하게 되었습니다.

『하하호호 꿈을 심는 성경동화』 시리즈를 통하여 살아서 역사하시는 하나님의 말씀이 재미있으면서도 하나님의 꿈을 심어 주고 삶을 변화시켜, 이 시대의 위대한 꿈을 이루는 인물들이 많이 나오기를 간절히 소망해 봅니다.

이 책이 나오는 데 있어 하나님께 온전히 감사드립니다. 그리고 처음 사랑의교회에 들어왔을 때 사역의 본질을 가르쳐 주시고 주일학교 사역을 열어 주신 존경하는 고 옥한흠 목사님과 지금까지 어린이 사역을 하도록 허락하시며 제게 큰 열정과 도전을 심어 주신 사랑하는 오정현 목사님께 진심으로 감사를 드립니다. 또한, 처음 사랑의교회 주일학교에 들어왔을 때부터 성경이야기 설교의 큰 모델이 되어주신 장희섭 목사님께 감사를 드립니다.

아이들 눈높이에 맞게 재미있고 유익한 성경동화를 쓸 수 있도록 동기부여를 해 주신 김건주 목사님과 국제제자훈련원 출판부 직원들, 그리고 메시지에 너무나 잘 맞는 그림을 그려 주신 이경택 선생님께도 감사의 말씀을 전합니다. 무엇보다도 부족하지만 어린이 설교를 재미있게 들어주고 삶의 변화를 모범적으로 보여준 사랑의교회 어린이들과 함께 유년부를 섬기는 가족 같은 선생님들께 진심으로 감사드립니다.

마지막으로 아빠의 설교를 들어주며 함께 호흡해 준 사랑하는 예종, 예준 두 아들과 부족한 부분을 채우는 영원한 동역자이자 반려자인 아내, 그리고 격려를 아끼지 않으시는 부모님께 고마운 마음을 전합니다.

2013년 11월 최재윤 드림

하하호호 꿈을 심는 성경동화 3

두근두근 만남, 놀랍게 변화된 나

초판 1쇄 인쇄 2013년 11월 25일
초판 1쇄 발행 2013년 12월 5일

지은이 최재윤
일러스트 이경택

펴낸곳 국제제자훈련원
펴낸이 사단법인 사랑플러스
등록번호 제2013-000170호(2013년 9월 25일)
주소 서울시 서초구 효령로68길 98 (서초동)
전화 02-3489-4300 **팩스** 02-3489-4329
E-mail dmipress@sarang.org

ISBN 978-89-5731-641-2 03230

※가격은 뒤표지에 있습니다. 잘못된 책은 구입하신 곳에서 교환해 드립니다.

이 도서의 국립중앙도서관 출판시도서목록(CIP)은 서지정보유통지원시스템 홈페이지(http://seoji.nl.go.kr)와
국가자료공동목록시스템(http://www.nl.go.kr/kolisnet)에서 이용하실 수 있습니다.
(CIP제어번호: CIP2013023300)

국제제자훈련원은 건강한 교회를 꿈꾸는 목회의 동반자로서 제자 삼는 사역을 중심으로
성경적 목회 모델을 제시함으로 세계 교회를 섬기는 전문 사역 기관입니다.